Escutar o invisível

Presidente da República
Luiz Inácio Lula da Silva

Ministro da Cultura
Gilberto Passos Gil Moreira

Presidente da Funarte
Celso Frateschi

FUNDAÇÃO EDITORA DA UNESP

Presidente do Conselho Curador
Marcos Macari

Diretor-Presidente
José Castilho Marques Neto

Editor-Executivo
Jézio Hernani Bomfim Gutierre

Conselho Editorial Acadêmico
Antonio Celso Ferreira
Cláudio Antonio Rabello Coelho
José Roberto Ernandes
Luiz Gonzaga Marchezan
Maria do Rosário Longo Mortatti
Mario Fernando Bolognesi
Maria Encarnação Beltrão Sposito
Paulo César Corrêa Borges
Roberto André Kraenkel
Sérgio Vicente Motta

Editores-Assistentes
Anderson Nobara
Denise Katchuian Dognini
Dida Bessana

Comissão Editorial do Projeto UNESP/Funarte sobre Arte e Educação

Elvira Vernaschi (Coordenação)

Mariza Bertoli
Veronica Stigger
Anderson Tobita (Secretário)

Eduardo Calil

Escutar o invisível
Escritura & poesia na sala de aula

© 2008 Editora UNESP

Direitos de publicação reservados a:

Fundação Editora da UNESP (FEU)
Praça da Sé, 108
01001-900 – São Paulo – SP
Tel.: (0xx11) 3242-7171
Fax: (0xx11) 3242-7172
www.editoraunesp.com.br
feu@editora.unesp.br

Fundação Nacional de Artes (Funarte)
Rua da Imprensa, 16 – Centro
20030-120 – Rio de Janeiro – RJ
Tel.: (0xx21) 2279-8053 / (0xx21) 2262-8070
www.funarte.gov.br
promocao@funarte.gov.br

CIP – Brasil. Catalogação na fonte
Sindicato Nacional dos Editores de Livros, RJ

C157e

Calil, Eduardo
    Escutar o invisível: escritura & poesia na sala de aula / Eduardo Calil. – São Paulo: Editora UNESP; Rio de Janeiro: FUNARTE, 2008.
    il.

    Inclui bibliografia
    ISBN 978-85-7139-801-6 (Editora UNESP)
    ISBN 978-85-7507-096-3 (Funarte)

    1. Escrita. 2. Criatividade na escrita. 3. Literatura – Estudo e ensino. 4. Lingüística. 5. Comunicação na educação. I. FUNARTE. II. Título.

08-0427.
    CDD: 411
    CDU: 003

Esta publicação foi financiada com recursos do Tesouro Nacional, por meio do convênio 24/2007, celebrado entre a Fundação Nacional de Artes – Funarte e a Fundação Editora da Unesp.

Editora afiliada:

Ao Roger, pela falta.
A Lívia, pela fala.
A Cris, pela escuta.
Ao Enzo, pela vi(n)da.

Sumário

Prefácio *9*
  Na busca das escritas em teias

E o que aparece aqui, ali, acolá... *11*
  Antecedentes e decorrentes *12*

1 A escritura literária e a escritura escolar:
  a questão dos manuscritos *17*
  O manuscrito literário e a rasura *17*
  O manuscrito escolar: seu estatuto e sua especificidade *24*
  Rasura, rascunho, versão no manuscrito escolar *31*
  O aluno e as rasuras *36*
  O manuscrito, o processo de escritura em ato e a escola *42*

2 Formas de rasurar: o literário e o escolar *49*
  Rasuras: marcas de uma relação *49*
  Rasuras como índices de modalizações autonímicas
  no manuscrito literário *55*
  Manuscrito escolar e suas (poucas) rasuras *62*
  Manuscrito escolar e suas intertextualidades *67*
  Rasura oral no processo de escritura em ato *75*
  Entre uma rasura e outra, um funcionamento *85*

3 Autonímias e modalizações autonímicas no
processo de escritura de um poema   *87*

Autonímias, modalizações autonímicas e rasuras   *88*

Entre rasuras e autonímias, algumas modalizações se estendem   *91*

Rasuras orais como marca de (dis)junção do dizer   *104*

4 Movimentos de autoria na poesia   *107*

Autoria e a Análise do Discurso   *107*

O movimento de autoria e suas bordas teóricas   *112*

As formas significantes, as forças paralelísticas e,
na tempestade, os *scriptores*   *118*

A dimensão do três no processo de escritura em ato   *126*

No movimento, uma tensão   *142*

5 Uma palavra final, mas não no sentido de última   *145*

Referências bibliográficas   *147*

Prefácio
Na busca das escritas em teias

O lápis de um aluno sobre a folha em branco é um ponto no tempo. Ao ser arrastado sobre a linha deixa o rastro do passado, enquanto avança sobre a brancura incerta do futuro. Essa aparente linearidade do tempo se traduziria na mais simples das geometrias não fosse a maranha que a língua e o discurso propõem a todo escritor (ou, como diz Calil, *scriptor*). Eu mesmo, neste momento, ao dizer "maranha", além de sentir a presença de Jorge Luís Borges ao meu lado, evoquei também a má aranha – e aqui as teias se abrem e me permitem ainda arrepanhar o belo poema "Muerte", de Chico Lopes (de seu livro inédito *Poco allegretto*):

> *Yo soy tu hijo*
> *mi madre estraña*
> *Yo soy tu nido*
> *mi grande araña*

Confesso que rasurei o termo "emaranhado" e pus no lugar o termo "maranha" pra aproveitar – meio sem querer – a idéia de aranha, teia, trama, enfim, essas complexidades temporais e espaciais que ainda me levaram à "mãe aranha" do poeta. O livro de Eduardo Calil trata disso, desses deslocamentos abruptos que vão muito além do alinhamento das letras, da sintaxe e dos sentidos.

Tomando os estudos literários que partem da gênese do texto poético e ainda mesclando esses estudos com alguns conceitos da Psicanálise lacaniana e da Análise de Discurso francesa, o autor busca entender o processo da produção escrita no universo escolar, ou seja, dá tratos à bola para explicar como as crianças tentam empinar, com linhas de lápis e lapsos, as pipas doidas da poesia. Como pesquisador-poeta, Calil persegue o inefável momento em que a língua também empina essa subjetividade de rabiola curta que dá piruetas no espaço do texto.

Como diz Manoel de Barros, o "esplendor da manhã não se abre com faca", do mesmo modo, podemos dizer que o inefável da criação não se perscruta com o óculo potente da ciência positivista. O autor, sabedor desses impossíveis, bolou uma estratégia interessante de pesquisa: filmou as crianças produzindo texto em dupla e, com isso, abriu o jogo da criação e da prosa solta sem perder as pérolas que uma boa escuta permite entrever.

Para sustentar sua ousadia, o autor insere sua reflexão de forma crítica e interessante entre as concepções mais profícuas de língua, discurso e autoria hoje existentes. Mostra que, ao retirar esses conceitos do plano adulto e ressituá-los na infância e no manuscrito escolar, é possível expandir a própria teorização sobre os processos de escritura. De fato, quando as crianças se põem a falar gostosamente sobre suas rasuras, lapsos e substituições, escancham-se um pouco mais os horizontes recurvos da criação.

Calil põe ao alcance da educação os conceitos mais fundamentais do complexo entrecruzamento teórico que vem resultando das cinco últimas décadas da pesquisa na área da linguagem. Ao educador que recusa a idéia de métodos educacionais ou mesmo de aplicação direta de conhecimentos teóricos na sala de aula, a obra reafirma que o bom ensino depende de boa formação. Se for formação genuína que se procura, este livro abre uma bela teia de novos sentidos sobre o ensino de linguagem escrita.

Claudemir Belintane
Professor de Metodologia de Ensino de Língua Portuguesa
Faculdade de Educação – Universidade de São Paulo

E o que aparece aqui, ali, acolá...

$$1 + 1 = 3$$

Lívia, minha filha de 8 anos e 9 meses, aproxima-se da mesa de jantar, com seus bonequinhos feitos de massinha de modelar, com que a presenteei ao voltar de Paris, dizendo:

LÍVIA (FALANDO SOBRE OS BONEQUINHOS QUE AGRUPOU EM NÚME-
ROS PARES): Eu fiz em pares, mas um lá é meu, então vai ficar impáres.
(PAI E CRISTINA RIEM.)
CRISTINA (CORRIGINDO): O certo é falar ímpares...
LÍVIA (REPETINDO): Ímpares... impáris... im... paris... em Paris... (RINDO
MUITO) para Paris!!! (TODOS RIEM MUITO.)

Anedotas assim animam freqüentemente o universo familiar, e esta não poderia ser mais precisa para abrir este livro que fala de subjetividade, de singularidade e do processo de criação na linguagem. O curto diálogo – apesar de ter acontecido em contexto não escolar e não envolver a escritura de uma história ou um poema – releva a escuta de uma criança para as possibilidades da língua e, ao mesmo tempo, aponta a posição subjetiva que ocupa no funcionamento lingüístico-discursivo. Quem escutaria em "ímpares", "em Paris", sem estar afetado subjetivamente por essas formas significantes? O que faz que, para alguém, um signo se descole de sua posição estabilizada e então se dissolva para fazer sentido em outra direção? Qual a relação disso com os processos de criação e movimentos de autoria aos quais se está submetido diante do ato de escritura? Como tais movimentos podem ajudar a entender melhor a relação entre sujeito e o texto que se está escrevendo?

E, finalmente, qual a contribuição que a análise dessa dimensão pode trazer para a escola?

Quem escuta, escuta de uma posição. A posição subjetiva ocupada por Lívia detona essa escuta. Daí ela ser absolutamente singular, equívoca e imprevisível, guardando quase um valor chistoso.[1] Por isso é possível sentir os efeitos do real da língua (alíngua) que provoca o movimento do significante e sua ancoragem nas redes de sentidos que compõem um imaginário do dito. Lívia escuta "em Paris" em "ímpares" certamente porque o nome dessa cidade lhe diz algo, faz parte de um dizer, de algo já atestado, indubitavelmente ligado ao estágio de pós-doutoramento do pai.[2]

A repetição, mas também a homofonia, que acompanha sua enunciação faz parte de sua história, desta história e das relações de semelhança e diferença que tais formas guardam entre si. A singularidade aí detectada está presente em qualquer ato linguageiro, seja ele cotidiano, familiar, escolar, literário, poético...[3]

Antecedentes e decorrentes

Os processos de escritura em qualquer instância de ensino fazem parte dos temas principais do grupo de pesquisa Ensino, Texto & Criação[4] (ET&C)

---

1 Não posso desconsiderar que "ímpar" seja também uma forma de dizer aquilo que "sobra" na relação entre o pai, a Cristina (esposa) e a Lívia (filha do pai).

2 Registro aqui meu agradecimento à pesquisadora Almuth Grésillon que respondeu à minha demanda e garantiu meu acesso à emocionante biblioteca do *Institut des Textes et Manuscrits Modernes* – *ITEM*, a Jean-Louis Lebrave, diretor desse Instituto francês que, ao longo dos anos 2002 e 2004 permitiu as melhores condições possíveis para a realização desta investigação, e também a Irène Fenoglio, Philippe Willemart e Cristiane Grando pela interlocução e leitura atenta e carinhosa de alguns manuscritos deste livro. Entretanto, nada teria sido possível se não fosse o inestimável financiamento das agências brasileiras de fomento à pesquisa: Coordenadoria de Aperfeiçoamento de Pessoal – Capes, que concedeu a bolsa de estágio pós-doutoral no exterior (processo BEX: 1105:02-7), e o Conselho Nacional para o Desenvolvimento da Pesquisa – CNPq, que tem apoiado o meu trabalho de pesquisador desde 1996. Reconheço finalmente que a escritura deste livro contou com a confiança de meus colegas do Centro de Educação da Universidade Federal de Alagoas, ao autorizarem meu afastamento para a consolidação do período de estudo e escritura.

3 A dimensão da singularidade e as fronteiras entre "erro" e "ato falho" que esse enunciado pode cernir foram discutidas em Calil, Felipeto & Lima (2008).

4 Para informações mais detalhadas sobre o grupo ET&C, consultar o site <http://lattes. cnpq.br/buscaoperacional>.

Escutar o invisível

que coordeno desde 2002, vinculado ao Conselho Nacional de Desenvolvimento Científico e Tecnológico (CNPq). Nesses processos, o ET&C pretende delinear procedimentos de análise que permitam a detecção da criação, documentá-los e elaborar materiais voltados para sua produção.

Como resultado de uma das linhas de pesquisa do ET&C intitulada "Manuscritos Escolares e Processos de Escritura", este livro destaca tanto os processos de escritura e criação em sala de aula quanto os procedimentos metodológicos de registro, documentação e transcrição do material coletado em situações etnológicas, isto é, situações em que se procura preservar as características próprias do contexto escolar.

O registro em vídeo do processo de escritura em ato e o produto escrito efetivado por dois alunos e materializado na forma de manuscrito escolar são dois pontos fundamentais deste trabalho, que, de certa forma, trouxe uma aproximação entre as investigações ligadas à Crítica Genética, campo de conhecimento cujo principal objeto de estudo é o dos manuscritos de escritores consagrados, e aquelas situadas no campo da aquisição de linguagem escrita.

A Crítica Genética, particularmente pelos trabalhos de Almuth Grésillon[5] e Philippe Willemart,[6] pôde fornecer ao estudo que desenvolvo importantes noções, como "manuscrito", "rasura", "dossiê genético", entre outras, que exponho no próximo capítulo em maiores detalhes e que assumem um lugar revelador na perseguição genética da constituição dos manuscritos escolares. É justamente no cruzamento entre os registros áudio-visuais (filmagens das práticas de textualização em que alunos, em dupla, escrevem um único texto) e as rasuras orais e escritas ocorridas durante os processos de escritura que pude estender essa interlocução e as análises dos processos de criação em ato dentro da sala de aula.

Os textos literários são objetos de estudos privilegiados quando se discutem os processos de criação. A escola, entretanto, em função de sua dinâmica e do papel que desempenha em nossa sociedade, está longe de considerar os meandros desses processos e de valorizar os atos de escrituras inventivos, apesar de a palavra "criatividade" e suas expressões sinonímicas

---

5 Almuth Grésillon é responsável pelo grupo de pesquisa *Équipe Manuscrits et Linguistique* do *Institut des Textes et Manuscrits Modernes – ITEM*, laboratório do *Centre National de la Recherche Scientifique – CNRS* (Paris).

6 O professor e pesquisador Philippe Willemart, fundador do *Laboratório do Manuscrito Literário* e do *Núcleo de Apoio à Pesquisa em Crítica Genética* (NAPCG) da Universidade de São Paulo, foi o introdutor dos estudos genéticos no Brasil.

("seja criativo", "use a imaginação", "invente uma história", "crie um poema", etc.) serem moedas correntes em livros didáticos e atividades elaboradas pelos professores.

Se, de um lado, as investigações sobre os processos de criação, as rasuras e reescritas de textos por alunos têm sido consideradas de relevância fundamental para os estudos em Crítica Genética,[7] por outro lado, a possibilidade de aprofundamento das questões teóricas e metodológicas que tenho enfrentado será significativamente ampliada pela análise comparativa entre algumas rasuras de um manuscrito de Hilda Hilst e aquelas feitas por alunos nas séries iniciais do Ensino Fundamental, que apresentarei no segundo capítulo.

O terceiro capítulo discute e aprofunda o importante trabalho que a lingüista francesa Authier-Revuz desenvolve (Authier-Revuz, 1990, 1995, 1998, 2004) em torno das "heterogeneidades mostradas" presentes nas mais diversas formas de enunciação. Sua pesquisa tem contribuído enormemente para a produção de saber tanto no campo da Teoria da Enunciação quanto nos estudos em Análise do Discurso. As reflexões e análises sobre os enunciados que mostram glosas, retomadas, reformulações, aspas, discurso reportado etc. apresentam um caráter de extrema fecundidade para meus estudos, especialmente em relação às reformulações orais feitas pelos alunos durante o ato de escritura.

As reformulações orais representadas no fio do discurso deixam, como diz a autora (Authier-Revuz, 1998, p.97), os traços do processo de produção. Nos processos de escritura em ato de poemas, em práticas de textualização nas quais dois alunos conversam sobre o que irão escrever ou estão escrevendo, essas reformulações são nomeadas por mim de "rasuras orais",[8] diferindo assim daquelas "rasuras escritas" – duas noções que fundamentam o

---

7 Cabe destacar que o livro *Bastidores da criação literária*, de Philippe Willemart (1999), traz o capítulo "A imersão na escritura nas histórias de Nara e Isabel", em que discute o processo de criação analisado em meu trabalho de doutorado (Calil, 1995, 2004).

8 Um exemplo do que estou querendo dizer com "rasuras orais explicitamente marcadas" pode ser o enunciado seguinte, retirado dentre os inúmeros descritos e analisados por Authier-Revuz no livro As *palavras incertas: as não coincidências do dizer* (1998, p.96): "Essas reuniões, elas foram boicotadas, *a palavra é talvez um pouco excessiva, como dizer, digamos*, as reuniões foram ignoradas, enquanto eram para eles ..." (Comunicação oral, 19 jul. 1984, grifos meu). Aqui apenas indico como essa noção pode ser reconhecida no estudo de Authier-Revuz. Ao longo do livro, particularmente nos capítulos 2 e 3, ela será apresentada e discutida em relação aos meus dados.

segundo e terceiro capítulos – e mantêm uma forte relação com as "autonímias" e "modalizações autonímicas" descritas por Authier-Revuz, apesar de elas não serem realizadas de formas tão explicitamente marcadas quanto aquelas arroladas por esta pesquisadora, nem apresentarem a complexidade encontrada nos manuscritos literários.

Sobre as autonímias e as modalizações prepondera a instância imaginária[9] que exerce uma atração "paralisante", mas necessária, sobre o movimento do rasurar, produzindo sobre o aluno que escreve poucas possibilidades de alterações nos manuscritos, e, pelo reverso, a tensão entre essa instância, o funcionamento simbólico e o real da língua (alíngua) que ameaça a todo instante a cadeia sintagmática e aquilo que faz elo.

A noção de autoria que percorre todo o livro é aprofundada no quarto capítulo, tendo como objeto de análise o processo de criação de um poema feito a partir dos versos iniciais de "Raridade", escrito pelo conhecido poeta José Paulo Paes. A partir dos quatro primeiros versos, escritos na lousa pela professora e copiados pelas crianças, os alunos Valdemir e José Antenor dão continuidade ao poema, criando, através das formas significantes que emergem, direções inusitadas e surpreendentes.

Passei todo o livro tentando escutar o que os manuscritos escolares obnubilam, servindo-me da especificidade da metodologia montada, mas, sobretudo, dos processos de escritura em ato efetivados em sala de aula, cujos movimentos de autoria podem revelar aqui, ali e acolá marcas de posições subjetivas e formas de inscrição dos *scriptores* no funcionamento lingüístico-discursivo.

Espero, assim, indicar aos leitores deste livro, particularmente àqueles interessados pelas relações entre escola e escritura, que o manuscrito pode guardar, mesmo que de formas não visíveis ou sob rasuras diversas, os dizeres cuja soma sempre dá um terceiro.

---

9 Trata-se da trilogia Real-Simbólico-Imaginário que compõem a figura topológica do Nó borromeano e que, segundo Lacan (1998), está destinada a traduzir a realidade e o comportamento humano. Jean-Claude Milner, no capítulo 1 intitulado "R, S, I" do livro *Les noms indistincts* (1983), apresenta uma valiosa reflexão sobre a relação entre o Nó borromeano e a articulação dessas três "suposições", para usar a palavra de Milner (1983, p.7).

1
A escritura[1] literária e a escritura escolar: a questão dos manuscritos

Nunca se teve em vista mostrar aos alunos da escola fundamental,
que sofrem todo o mal do mundo para dominar
os movimentos físicos restritivos da escrita manuscrita
e que, um pouco mais tarde, devem aprender a redigir,
a energia dispensada pelos escritores sobre suas folhas de rascunhos?

(Almuth Grésillon)

O manuscrito literário e a rasura

Em geral, atribui-se à palavra "manuscrito" seu sentido etimológico, isto é, qualquer texto que tenha sido "escrito à mão". No *Dicionário Houaiss* essa é a primeira definição, mas que se estende, após o final do século XVIII,[2] à

---

1 A palavra "escritura" está sendo entendida aqui como o conjunto de práticas de produção de linguagem oral ou escrita que tem nos manuscritos uma de suas possibilidades de materialização. Essa delimitação é importante para que não se corra o risco de eleger o manuscrito como única condição de possibilidade relacionada ao ato de escrever. Nos processos de escritura há, certamente, outras formas de registros: sonoros, musicais, visuais, digitais. Entretanto, partirei da noção de "manuscrito" por ser ela fundadora e fundamental nos estudos vinculados à Crítica Genética e também por ela me permitir fazer a relação pretendida com os textos produzidos na escola.

2 Vale pontuar a revolução tecnológica gerada pela invenção de Gutenberg. Até esse período os manuscritos antigos e medievais eram feitos por copistas e tinham um caráter público, visando sua preservação e tendo uma limitada divulgação.

obra de um escritor em sua versão original, quer seja escrita com bico-de-pena e nanquim, caneta-tinteiro, lápis, caneta esferográfica, quer tenha sido datilografada ou mesmo digitalizada por meio dos recursos tecnológicos atuais. O que dará o caráter ou o estatuto de "manuscrito" é o fato de ainda não ter sido editada, publicada (Houaiss, 2001).

Sobre estes textos, que têm o estatuto de manuscritos, pesam, de um lado, uma importância secundária, menor, que muitas vezes são tratados como "rascunhos", "esboços", "planos" em que aquele que escreve ainda está ensaiando o que será o texto final, definitivo, correto, limpo, enfim, publicável! De outro lado, mas associado a esse efêmero aspecto, a intimidade daquele que escreve é guardada nos manuscritos. Quase como uma confissão das dúvidas, um receio revelado pelas hesitações e rasuras, eles trazem uma espécie de jogo de esconde-esconde entre aquilo que não se pretende mostrar, expor, divulgar, editar, publicar e o que se quer realmente que apareça.

Entretanto, o estatuto do manuscrito pode ser completamente alterado,[3] caso aquele que o escreveu alcance alguma forma de reconhecimento (estético, artístico, social, científico), caso tenha sido escrito por algum poeta consagrado, renomado escritor ou grande cientista.[4] Seu valor cultural, mas também econômico, passa a ser cobiçado por museus, bibliotecas, centros de pesquisa, *marchands* e colecionadores. O reconhecimento do manuscrito como patrimônio cultural de uma sociedade, de uma época, de uma escola literária transforma radicalmente a efemeridade e a intimidade do processo escritural. Os manuscritos mostram não somente a caligrafia, por vezes ilegível ou sombria, de um escritor, poeta, ensaísta ou cientista, mas toda uma série de especificidades que vão do tipo de papel, a tinta usada, o formato do suporte ao modo como ele acrescenta notas, introduz frases, escreve nas

---

3 A dualidade entre o caráter pessoal e o público já está apontado em Grésillon (2002).

4 Para entender a importância e amplitude deste objeto de investigação científica, sugiro a leitura do livro *Gesto inacabado – processo de criação artística* (Salles, 1998) e do artigo "O horizonte genético" (Biasi, 2002), em que o autor apresenta os avanços das pesquisas sobre os manuscritos. Vale ainda ler as páginas 235 a 238 do livro *Éléments de Critique Génétique: lire les manuscrits modernes*, de Almuth Grésillon (1994). Todos eles anunciam a extensão dos estudos genéticos a outros domínios do conhecimento. Finalmente, para aprofundar a significativa dimensão deste objeto, pode ser consultado o periódico francês *Genesis Manuscrits-recherche-invention*, publicado na França desde 1992, por Jean-Michel Place, e, em português, a revista de Crítica Genética intitulada *Manuscrítica*, ambos dedicados a publicar os mais recentes estudos sobre a gênese dos processos de criação.

margens, executa suas rasuras, indica trechos mal escritos, relevando desses dinâmicos documentos sua dimensão sem par.

Com a Crítica Genética, disciplina que surgiu no começo dos anos 1970 a partir do estudo e da análise dos conjuntos de documentos relacionados ao processo escritural de uma obra literária, o manuscrito ganha ainda outro sentido, destacando-se como objeto científico privilegiado nas investigações em busca das veredas traçadas por escritores consagrados.[5] Para este campo de saber, o manuscrito porta "os traços de um ato, uma enunciação em marcha, uma criação se fazendo, com seus avanços e seus bloqueios, seus acréscimos e seus riscos, suas pulsões desenfreadas e suas reparações, seus relances e suas hesitações, seus excessos e suas faltas, seus gastos e suas perdas" (Grésillon, 1994, p.33). O conjunto de manuscritos de um escritor, agora elevado ao estatuto de *manuscritos de trabalho*, compõe, com todas as outras anotações, planos, rascunhos, roteiros, esboços, pequenos lembretes, diários íntimos, apontamentos documentais, fotos, cartas, provas tipográficas etc., o conjunto de *documentos genéticos* ou *avant-texte* de uma obra literária, organizados cronologicamente, classificados, decifrados e transcritos.

Essa disciplina alçou não só o manuscrito como texto[6] em curso de textualização que está sendo escrito para ser publicado, mas também os *documentos genéticos*, ao estatuto de objeto científico tão fundamental quanto complexo, que pode ajudar a entender os processos, sempre enigmáticos e não raramente indecifráveis, de criação de uma obra literária.

A diversidade desses documentos e o caráter idiossincrático[7] com que cada escritor se relaciona com seu próprio processo de escritura têm nas rasuras um dos elementos reveladores e recorrentes à imensa maioria deles, sendo ela um fenômeno capaz de "testemunhar a dimensão temporal própria a todo processo de escritura" (ibidem, p.67).

---

5 Dentre os vários livros que podem introduzir o leitor ao universo da Crítica Genética, destaco, particularmente, *Crítica Genética: uma introdução* (Salles, 1992), *Éléments de Critique Génétique: lire les manuscrits modernes* (Grésillon, 1994) e *La génétique des textes* (Biasi, 2000).

6 Aqui, "texto" é freqüentemente entendido como "rascunho" ou "*brouillon*", como diria a literatura francesa. Mais adiante, retornarei a esta problemática.

7 Para que se possa observar o modo como os manuscritos literários que compõem esses dossiês genéticos se configuram, a sua complexidade, riqueza e heterogeneidade, reitero a importância do livro de Grésillon (1994) – recentemente publicado no Brasil (Grésillon, 2007), mas, infelizmente, com todas as reproduções dos manuscritos em preto-e-branco, perdendo-se, em parte, sua riqueza gráfica e plasticidade visual – e da bela obra produzida por Hachette (Cadiot & Haffner, 1993).

Apesar de este campo de saber não estar limitado às investigações sobre as rasuras deixadas por escritores modernos em seus manuscritos,[8] as marcas de rasura, que podem indicar apagamentos, deslocamentos, substituições e acréscimos de letras, palavras, frases, versos, parágrafos, estrofes, capítulos etc., deixadas ao longo do processo de escritura e por todo e qualquer *scriptor*,[9] funcionam como poderosos índices[10] dos processos de criação literária.

Conforme Grésillon (1994, 1996) e vários outros estudos têm mostrado, o manuscrito literário traz uma materialidade proteiforme na qual a rasura se apresenta através de um caráter paradoxal, que está na simultaneidade daquilo que ela apresenta como perda e ganho. Ao mesmo tempo em que ela anula "aquilo que foi escrito, ela aumenta o número de traços escritos ... Seu gesto negativo transforma-se ... no tesouro de possibilidades, sua função de apagamento dá acesso a isto que poderá ser o devir de um texto" (Grésillon, 1994, p.67).

Apesar da complexidade com que as rasuras apresentam-se nos manuscritos literários, irei expor as quatro funções pelas quais elas podem se manifestar:[11]

- Supressão: quando um elemento escrito é simplesmente apagado.

- Substituição: quando um elemento escrito é trocado por outro.[12]

---

8 Como indiquei acima, a Crítica Genética não se restringe à análise de manuscritos de escritores, envolvendo-se com outros sistemas semióticos ligados às artes plásticas, às artes cênicas, à arquitetura, à música, à matemática...

9 O termo *"scriptor"*, e não "escrevente", procurará, por um lado, evitar o sentido atestado no dicionário eletrônico Houaiss (2001): "diz-se de ou aquele que, por profissão, copia o que outro escreveu ou dita; escriturário, copista"; por outro, manter o termo consagrado nos estudos sobre processos de escritura e criação, em que não se tem um escritor "senhor" de sua escritura, mas sim um sujeito dividido, cindido, muitas vezes refém daquilo que escreve. Assumirei ainda que o texto é, para o *scriptor*, um espaço em que se funde "aquele que escreve" e "aquele que lê", enredado por forças de diferentes ordens (lingüísticas, discursivas, culturais, históricas) que convergem no texto, produzindo-o.

10 A rasura como senha para se entrar no processo de criação é a hipótese de partida do artigo "A rasura, senha de entrada no mistério da criação", de Willemart (1991).

11 Ao comentar alguns trabalhos sobre a rasura em contexto escolar irei retomar essas funções e defini-las de acordo com o que esses trabalhos assumem.

12 Evidentemente, há aqui a supressão de um elemento para que outro possa tomar seu lugar. Segundo Ferrer & Lebrave (1993), uma simples permuta (substituição) seria apresentada como uma dupla função (supressão + adição), o que, caso se trate de palavras no interior de um parágrafo, é facilmente distinguível. Contudo, quando se trata de passagens mais longas, a tarefa torna-se, senão demasiado complexa, inoperante.

- Adição: quando um elemento é acrescentado ao escrito.[13]

- Deslocamento: quando um elemento escrito é transferido de uma posição para outra.[14]

Nos manuscritos literários as rasuras podem ter extensões variadas, indo da substituição de uma letra por outra ao apagamento de páginas inteiras.

Essas funções podem ainda se manifestar das mais diversas formas, por exemplo:

- Rasura "riscada": casos em que se anula o que se escreveu, de modo geralmente visível, permitindo ao leitor recuperar o texto rasurado. Esta forma também poderia aparecer como "rasura apagada", quando o *scriptor* apaga com uma borracha, mas deixa os vestígios que permitem ler o que havia escrito.

- Rasura "borrão": casos em que se anula o que foi escrito, mas que não é permitido ler o que foi rasurado, cobrindo todo o escrito ou parte dele com uma mancha de tinta opaca ou ainda apagando complemente os traços do escrito.

- Rasura "branca" ou "imaterial": somente se tem acesso a ela pela comparação de versões sucessivas de um manuscrito, pois o *scriptor* a produz enquanto copia a versão anterior.[15]

Do ponto de vista do espaço da folha de papel, as rasuras podem aparecer como:

- Rasura "linear": aquelas apresentadas em uma mesma linearidade, em que um elemento (letra, palavra, frase, parágrafo) pode ser riscado e imediatamente reescrito na continuidade da linha.

- Rasura "sobrescrita": em geral incide sobre uma letra, uma parte da palavra ou sobre palavras curtas, em que se escreve sobre aquilo que já estava grafado.

---

13 Conforme indica Biasi (1996, 2000), a função de "adição" supõe a "supressão" de um lugar vazio.

14 Calil & Felipeto (2000) comentam que o "deslocamento" exige uma "supressão" de um elemento escrito para seu posterior "acréscimo" em outro lugar.

15 Essas classificações podem ser encontradas de forma mais desenvolvida em Grésillon (1994, p.66-71) e em Biasi (2000, p. 53-8). Em função do meu objetivo neste capítulo, limito-me a fazer uma apresentação breve e geral dos mecanismos envolvidos no ato de rasurar, sem deter-me nos detalhes e nas diferenças expressas por esses dois pesquisadores.

- Rasura "interlinear": marcas feitas entre o espaço de duas linhas.

- Rasura "marginal": escritos que aparecem à margem do texto, podendo referir-se a um comentário sobre o que foi escrito ou propor a entrada de um novo elemento ao texto; geralmente elas são indicadas por setas, chaves, asteriscos, números e são produzidas após a escrita do texto.

O manuscrito do poema 14 do livro *Frêmitos* de Arriete Vilela[16] pode ilustrar parte desse processo de escritura em que as rasuras deixam suas marcas (Figura 1).

Esse manuscrito fotografa o movimento do processo escritural, revelando certa intimidade do poeta e deixando algumas pistas de seu fazer poético.

Como mostra a Crítica Genética, a relação entre um manuscrito e suas rasuras é extremamente fecunda, sendo raro encontrá-lo despido dessas marcas. Se o manuscrito é um dos produtos do processo escritural, a rasura, em última instância, carrega a tensão

> entre o conhecido e o não-conhecido, movida pela paixão da ignorância, [que] surge em um momento preciso. ... o rabisco, o apagamento, a eliminação de uma palavra, de um parágrafo ou de um capítulo, é sinal da presença de uma pulsão e solicita, sem saber, a contribuição da paixão da ignorância. ... A rasura não indica simplesmente uma parada para consultar um dicionário, uma obra anterior, notas de leitura, uma gramática ou um jornal, o que realmente ocorre, mas ela assina em primeiro lugar **uma atitude negativa**, um "não gosto disso", uma impressão de falta ou de falha na escritura que empurra a mão para suprimir a escrita anterior por uma razão muitas vezes desconhecida do próprio escritor. (Willemart, 1997, p.156)

Além dessa tensão marcada pela rasura sobre o manuscrito, Willemart ainda a relaciona a outros dois fenômenos: ao "tempo" e à "mudança". O "tempo" pode ser preenchido "por um silêncio de segundos ou anos, silêncio de espera no qual vão se engolfar ruídos, lembranças, ritmos, variações, idéias, etc. É um momento de padecimento no qual o escritor sofre a paixão da ignorância." A "mudança" está materializada em "uma substituição, um deslocamento, uma condensação de palavras ou o esquecimento que suprimirá o espaço ocupado pela palavra rasurada" (ibidem).

---

16 Agradeço à poeta Arriete Vilela pela gentil cessão desse manuscrito. Não apresento sua transcrição porque tomo esse manuscrito apenas para indicar sua plasticidade marcada pela letra manuscrita, pelas rasuras e pelos traços que o formam. No capítulo seguinte, mostrarei detalhadamente a transcrição normativa de outro manuscrito poético.

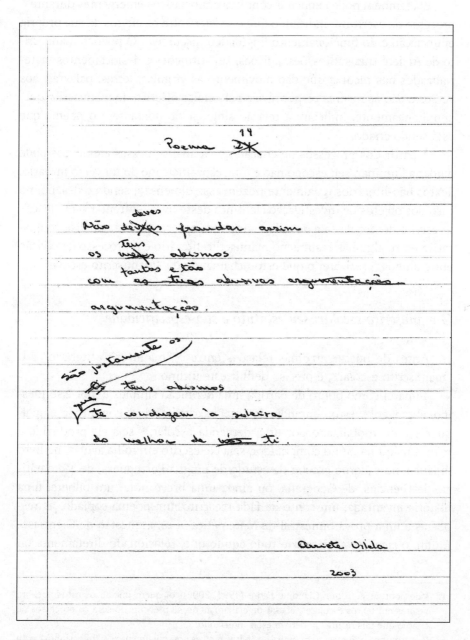

FIGURA 1 – Manuscrito do poema 14, de Arriete Vilela.

Ela também pode explicitar conflitos enunciativos emergentes durante o processo de escritura, indicando que o *scriptor* sofre os efeitos de sua própria enunciação e do funcionamento lingüístico-discursivo. O poético manuscrito de Arriete traz supressões, adições, substituições e deslocamentos materializados nas rasuras que dão movimento às vírgulas, letras, palavras, aos versos... São as rasuras responsáveis pelo efeito plástico do manuscrito que, simultaneamente, indiciam a relação singular do poeta com o poema que está sendo criado.

A partir dos processos de criação que a análise desses elementos pode ajudar a iluminar, seu escopo não é uma especificidade do universo literário. Textos não-literários igualmente trazem essa dimensão, sendo o desafio, no caso dos objetos de investigação científica deste livro, enfrentar o manuscrito escrito dentro da sala de aula.[17] Antes de apresentar uma análise comparativa entre algumas rasuras no manuscrito literário e o processo de criação entre alunos, precisarei o que estou chamando de "manuscrito escolar".

O manuscrito escolar: seu estatuto e sua especificidade

Antes de buscar algumas relações entre o "manuscrito literário" e o "manuscrito escolar", é preciso definir este último.

Tomarei como ponto de partida uma definição simples e, por isso mesmo, abrangente: estou entendendo "manuscrito escolar" como todo e qualquer escrito mobilizado por uma demanda escolar,[18] seja ele produzido à mão, à máquina ou no computador, seja ele escrito em folha avulsa, no livro didático, no caderno escolar de estudo de Língua Portuguesa, de Matemática, de Ciências, de Geografia, ou ainda uma breve nota, um bilhete, uma história inventada, um conto de fada reescrito, um poema copiado, as respostas a uma prova bimestral de Matemática, a uma questão de Ciências... Enfim, o *manuscrito*[19] *escolar* é tudo aquilo que, relacionado diretamente ou

---

17 Vale pontuar aqui que Claudine Fabre (1990; 2002) foi quem iniciou os estudos sobre rasuras em textos escolares, apesar de ela jamais ter se preocupado com os processos de criação que tais rasuras poderiam estar indiciando.

18 Isso significa que mesmo os trabalhos feitos em casa ou igualmente os "bilhetinhos" para a professora (produzidos, em geral, sem que haja uma solicitação formal) entrariam nesta categoria de "manuscrito escolar".

19 Destaco que o fato de nomear "manuscrito" coloca-me em uma posição de diferença em relação à maioria dos estudos franceses sobre "didática da escritura" (Fabre, 1990; David &

não ao ensino da língua portuguesa escrita, o *scriptor* produz na sua condição de *aluno*. Em uma palavra, o manuscrito escolar é o *produto* de um processo escritural que tem a instituição escola como pano de fundo, como referência, como um cenário que contextualiza e situa o ato de escrever.

O conjunto de manuscritos escritos na escola traz uma grande heterogeneidade de material vinculado às diversas práticas de textualização, seus objetivos pedagógicos e suas funções didáticas, que pode ser organizado como objeto científico de grande valor documental, histórico e cultural.

Ilustrativamente, pode-se pensar no que acontece durante o desenvolvimento de um projeto didático[20] sobre "tubarões" ou "peixes de água doce", em Ciências Naturais, que tenha como produto final a elaboração compartilhada de uma "revista de divulgação científica"; ter-se-á um conjunto de manuscritos produzidos pelos alunos ao longo do trabalho, podendo englobar notas de estudo ou de pesquisa, anotações sobre algum documentário assistido, relatório de passeios a um aquário público, a uma fábrica de produtos oriundos da pesca, ou preparação de entrevistas que tenham sido feitas, por exemplo, com um biólogo ou um pescador. Todos esses documentos, muito provavelmente, plenos de rasuras, riscos, apagamentos, reformulações...

Se o projeto didático visar à produção de um livro de contos de assombração, o conjunto será formado por todos aqueles manuscritos direta ou indiretamente voltados à construção do livro, o que envolve não somente as histórias escritas, mas também descrições de personagens, estudos sobre as estruturas dos contos de terror ou sobre autores representativos, anotações sobre temas ou cenários que comumente esses contos apresentam.

Finalmente, um último exemplo pode ser dado a partir do trabalho de um aluno com o livro didático de Língua Portuguesa, compondo o conjunto de manuscritos todos aqueles textos produzidos a partir desse material, como

---

Boré, 1996; Boré, 2000; Penloup, 1994), cujo termo "rascunho" ("brouillon") prevalece. Logo mais apresentarei as razões dessa discordância.

20 Conforme os Parâmetros Curriculares Nacionais (MEC/SEF, 1997), "os projetos são excelentes situações para que os alunos produzam textos de forma contextualizada – além do que, dependendo de como se organizam, exige leitura pelo aluno ou pelo professor, produção de textos orais, estudo de determinado tema, pesquisa sobre um assunto ou outras atividades. Podem ser de curta ou média duração, envolver ou não outras áreas do conhecimento e resultar em diferentes produtos: uma coletânea de textos de um mesmo gênero (poemas, contos de assombração ou de fadas, lendas, etc.), um livro sobre um tema pesquisado, uma revista sobre vários temas estudados, um mural, uma cartilha sobre cuidados com a saúde, um jornal mensal, um folheto informativo, um panfleto, os cartazes de divulgação de uma festa na escola ou um único cartaz" (ibidem, p.70-1).

respostas às perguntas de interpretações de texto, exercícios gramaticais e ortográficos e ainda propostas de produção de texto. Esses documentos de trabalho escritos por um aluno podem ser coletados, organizados e classificados formando um dossiê genético com os manuscritos escolares resultantes dessas práticas de textualização.

Vale fazer uma ressalva, todavia, de que o adjetivo "escolar" qualificando o termo "manuscrito" visa destacar as condições de produção desse objeto, na medida em que está implícita uma relação de ensino-aprendizagem, diferenciando-as, radicalmente, daquelas que envolvem processos de criação de textos literários feitos por escritores consagrados, ou ainda daquelas em que se criam os textos publicitários, cuja criatividade está associada às razões de consumo, das condições que caracterizam os textos virtuais como os *webblogs* ou daquelas em que um cientista faz notas e registros relacionados às suas investigações[21] em que não há nenhuma preocupação estética ou econômica.

A particularidade dos manuscritos escritos em contexto escolar abre assim um campo de estudo tão amplo quanto pouco explorado até o momento. Raras são as investigações voltadas, por exemplo, aos manuscritos escolares registrados em décadas passadas, assim como às rasuras presentes em textos solicitados por professores de Matemática ou de Ciências.

Se o objeto de estudo eleito é o texto escrito a partir de uma demanda escolar, seja ele feito em sala de aula ou em casa, por mais "livre" que sejam suas condições de produção, por menos que o professor interfira ou por mais preocupado que ele esteja em tornar público o texto escrito por seus alunos, dificilmente deixará de ser uma situação em que se "escreve como aluno", em que se escreve a partir de uma solicitação externa, em que se tem uma forte limitação de tempo para sua produção, uma expectativa voltada para a aquisição das normas e regras, algum tipo de avaliação, em que se busca uma equalização entre o escrito de um aluno e seu nível de escolaridade, em que, em última instância, visa a certa homogeneização do escrito.

A despeito disso, a expressão "manuscrito escolar" está longe de ter uma conotação negativa. Ela é proposta para que se marque uma diferença com outras condições de produção como aquelas ligadas ao "texto literário" e o que ele guarda de seu valor estético.

É preciso ainda ser mais cauteloso ao propor esses limites aos manuscritos escolares. Aproximar o manuscrito literário daquilo que o aluno produz

---

21 Excelentes estudos sobre os processos de escritura científica estão na revista *Genesis*, 20 (*Écriture Scientifique*), Paris, Jean-Michel Place, 2003.

como demanda relacionada à escola é, senão ambicioso, no mínimo perigoso. Os documentos de trabalho dos escritores consagrados, que são ordenados, classificados, transcritos e decifrados pelos geneticistas, mostram a impressionante heterogeneidade e complexidade deste objeto de estudo, com anotações em folhas soltas, diários, blocos de notas, cadernos, rascunhos, provas tipográficas; materiais constituídos por riscos, rabiscos, rasuras, grifos, setas, traços, borrões, asteriscos, folhas coladas...

Com essa dinâmica, supor no aluno uma demanda semelhante àquela que pode estar movendo o escritor parece ser pouco plausível. Como sustenta Willemart (1993), o manuscrito literário traz a demanda de desejo do escritor.

> Na sua vida de pulsões e de desejo, o escritor, para não dizer o artista em geral, particularmente sensível à tradição cultural e ao mundo em que vive, retém de forma singular informações e sensações do passado e do presente. Os elementos detidos neste filtro particular formam um entrelaçamento ou um nó que bloqueia de certo modo o desejo do artista e o incomoda. Desse bloqueio ou desta barreira, nascem o primeiro texto e o autor. Não há, portanto, um primeiro texto escrito em alguma parte transmitido por uma musa a um escritor atento, mas uma lenta aglutinação de elementos que, depois de um certo tempo, *devem* ser ditos e escritos. Como o neurótico angustiado por seu sintoma recorre ao psicanalista, assim o escritor, querendo livrar-se dessa placa retida, começa suas campanhas de redações não impelido, mas atraído pelo desejo. (p.92-3)

No fazer artístico, na produção de manuscritos literários, e também nas rasuras que dele emanam, há forças pulsionais que movem o processo de criação. A relação entre o escritor e sua obra (o texto literário) passa por uma demanda de ordem inconsciente, cujo elemento de atração está mais fortemente atado às formações psíquicas ou, como disse Willemart, a escrita é o sintoma do escritor.

Na escola, o processo de escritura e o ato de escrever são mobilizados por razões radicalmente diversas. O aluno escreve porque é preciso, porque é a condição para ficar na escola. Escreve porque o professor solicita. Escreve porque o livro didático propõe. Escreve porque precisa passar de ano. Escreve porque tem de tirar boa nota. Escreve porque o pai obriga. Escreve porque se vai comemorar o dia das mães. Escreve porque está estudando. Escreve porque está na escola...

Há a intervenção de um outro externo, empírico, administrativo, burocrático, didático que, representado geralmente pela figura do professor vestido pelo lugar social e institucional que ocupa, procura inserir o aluno no universo regrado, convencional, ortográfico e gramatical da escrita. Isso não quer dizer, entretanto, que não haja desejo do aluno em escrever porque gosta da professora ou porque quer dizer algo que o incomoda, ou, simplesmente, porque deseja aprender a ler e escrever. O universo da escrita está presente por toda parte na sociedade letrada, também pode ser um lugar de desejo mesmo do pai e da mãe que não sabem escrever, contribuindo para gerar a demanda necessária para o seu investimento.

Da mesma forma, a escrita que a criança pequena ou o aluno em processo de alfabetização produz também pode buscar uma espécie de sedução, de reconhecimento que exige interpretação.

Todavia, o manuscrito do aluno está, na maioria das vezes, à espera de um leitor "avaliador" que dificilmente irá apreciá-lo pelo valor estético ou lê-lo como um rico documento do processo de criação com inestimável valor cultural. De modo geral, o leitor do texto do aluno assume uma postura regrada pelas condições de produção institucionais: corrigir, avaliar e aprovar (ou não). De fato, na escola, o manuscrito, além de partir de uma solicitação, é quase sempre público, há pouco tempo para o ato de escrever e restrito espaço para o íntimo, o privado, o particular, o singular, o heterogêneo. O valor de tais textos, reduzidos freqüentemente à noção de rascunhos, acaba tendo um caráter "preparatório", visando a escrita de um texto final, definitivo, mas ao qual nem sempre se chega no decorrer dos trabalhos escolares. Aqui, o rascunho é um texto mal grafado que deverá ser "passado a limpo" para não mais apresentar erros e, evidentemente, não ter mais rasuras.[22]

Poucas práticas didáticas ligadas ao ensino de língua escrita propõem um olhar diferenciado sobre esses manuscritos como um dos produtos de ações didáticas voltadas para o ensino e aprendizado da escrita. Raras são as práticas didáticas em que os manuscritos escolares são conservados como documentos de trabalho dos alunos. Quase nunca o processo escritural dos alunos é documentado pela preservação de seus manuscritos.[23]

---

22 Retomarei essa discussão nas próximas páginas.

23 Vale ressaltar, entretanto, que aos poucos essa didática da língua escrita vem sendo modificada. Por exemplo, no Brasil, assim como em países como a França e a Espanha, alguns livros didáticos voltados para o Ensino Médio já trazem manuscritos de autores consagrados e orientam os professores sobre a importância de explicitar alguns dos funcionamentos da reescritura e da rasura. Todavia, o registro e a documentação desse material escrito por alunos raramente têm ocorrido. Os professores costumam se desfazer desses manuscritos ou devolvê-los aos alunos, que terminam por esquecê-los com o passar dos anos. O banco

Outro ponto importante a se destacar nessa diferenciação é o lugar daquele que escreve. Enquanto o escritor já está inserido em um funcionamento intenso da língua, dos discursos, da cultura, da história, da literatura, da política, do mercado editorial etc., certamente o engajamento do aluno em vários desses processos não existe ou ainda é incipiente.

Entretanto, apesar dessas abissais diferenças entre os manuscritos resultantes dos processos escriturais literários e dos processos escriturais escolares, há rasuras em ambos. Como afirma Biasi no início do texto "Qu'est-ce qu'une rature?" (O que é uma rasura?), "a obra literária escrita em um *premier jet* sem a menor correção é provavelmente uma ficção" (1996, p.17). O mesmo se pode dizer em relação ao manuscrito escolar. Dificilmente encontra-se um manuscrito escolar sem rasuras.

Para ilustrar melhor, apresento um dos primeiros textos escritos por Nara,[24] aos 6 anos de idade, que traz o título "Minha casa" (Figura 2).

Semelhantemente a um manuscrito literário, esse manuscrito escolar, que é um dos primeiros textos escritos por Nara ainda no início de seu processo de alfabetização, expõe rasuras que indicam, mesmo que de forma pouco complexa, acréscimos, supressões, substituições e deslocamentos. Não irei apresentar a transcrição desse agitado manuscrito, deixando ao leitor a tarefa de enfrentar a dureza de suas primeiras letras. Aqui, valho-me de seu aspecto gráfico, quase plástico, para fortalecer o argumento de que a rasura faz parte do processo escritural independentemente do lugar social em que está o *scriptor*.

Por fim, definir o texto escrito por alunos como "manuscrito escolar" permite recuperar o sentido de "texto escrito à mão", dado no início deste capítulo, ampliar os documentos que registram os processos de escritura em sala de aula – não os tratando somente como rascunhos interpretados freqüentemente como "organizador das idéias dos alunos" –, enfraquecer seu caráter fragmentário, provisório, hesitante, marcado por rasuras, e fortalecer sua singularidade, seu sentido de texto único, sua heterogeneidade. Assim, o manuscrito escolar deve, do ponto de vista científico – assim como para os processos de ensino e aprendizagem –, ter tanto interesse quanto os "manuscritos literários" têm para a Crítica Genética.

---

de dados "Prática de Textualização na Escola", do qual foram retirados os dados que irei analisar adiante, foi criado justamente para arquivar, preservar e documentar esse material que não tem somente um valor científico, mas igualmente cultural.

24 Esse manuscrito faz parte do dossiê de Nara, quando escreveu 64 textos distribuídos em 3 cadernos durante os anos de 1991 e 1992. Parte desse material e o modo como eles se singularizam são analisados em Calil (2008a).

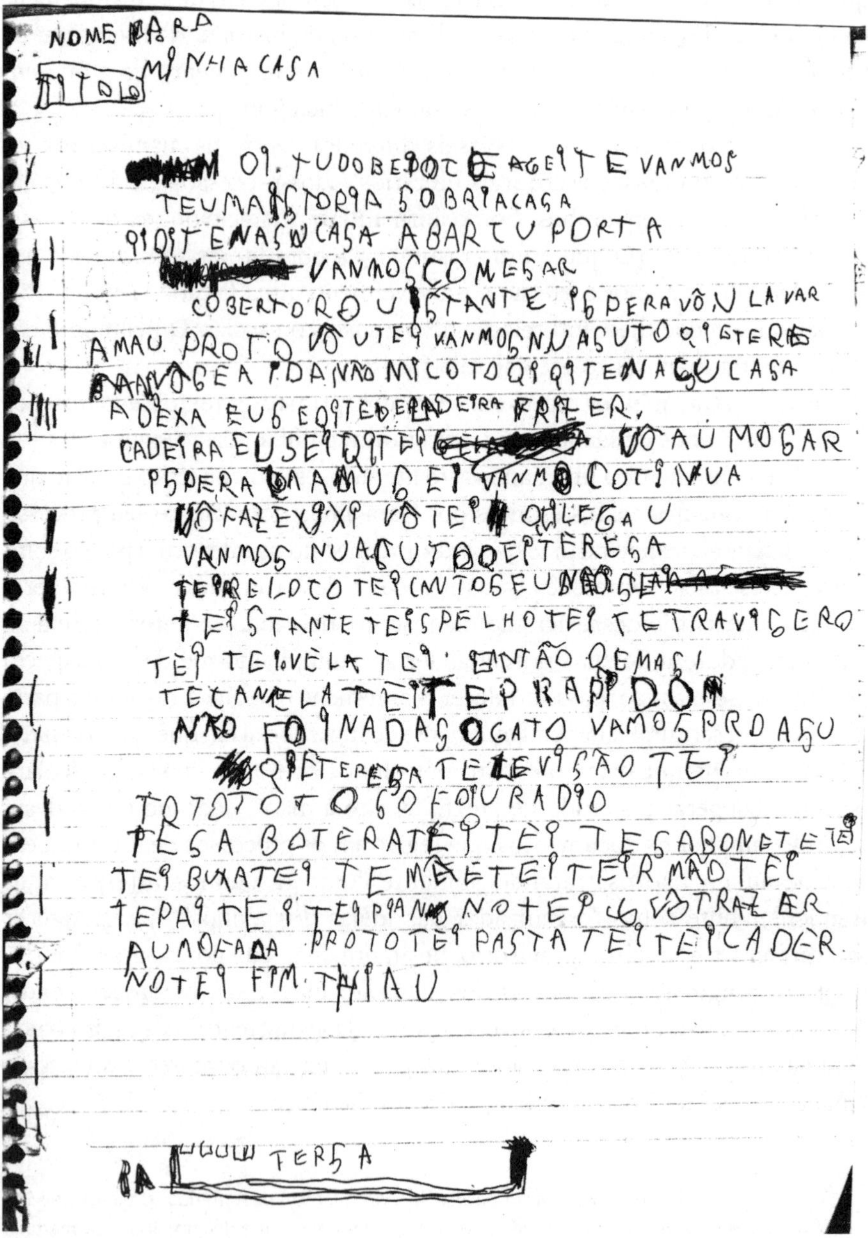

FIGURA 2 – Reprodução do manuscrito de Nara.

Rasura, rascunho, versão no manuscrito escolar

Se a rasura é um fenômeno próprio do processo escritural tanto em manuscritos literários quanto em qualquer outro tipo de manuscrito, até mesmo naqueles em que alunos estão traçando suas primeiras letras, raramente se está livre de escrever sem produzir alguma forma de apagamento, adição, substituição ou deslocamento de um elemento já escrito, quer seja um simples recado de telefone, uma pequena notícia de jornal ou um romance de 400 páginas! Formas básicas, associadas aos tipos de rasura e inerentes ao seu caráter altamente heterogêneo, ampliam, escurecem e enriquecem tanto o texto quanto o gesto de escritura que gestou seu nascimento, imprimindo ao manuscrito um caráter opaco, enigmático e múltiplo.

Poderia até mesmo dizer que a rasura dá ao texto certo estatuto de "texto escrito à mão", de "manuscrito", de escrita íntima, pessoal, efêmera, mas também de brevidade, de erro, de contravenção, de algo malfeito, sujo, inacabado, incompleto, difícil de ler... Mesmo um texto escrito à máquina ou no computador, mas impresso e rasurado, fortalece essa característica de "manuscrito". Não seriam as rasuras feitas sobre o escrito, a caneta ou a lápis, que intensificariam o sentido de manuscrito, de versão não definitiva, de texto fragmentado, de escritura em movimento, de processo de criação?

Sua aparência provisória, incerta, estranha contribui para que a rasura seja socialmente interditada de aparecer em um texto que se exponha em sua forma pública:[25] um romance, um poema, uma reportagem, um contrato, um cheque, um requerimento, uma certidão... Na grande maioria dos textos impressos ou documentos públicos, as marcas de rasura, se mostradas, ao invés de índices de um fenômeno próprio da escritura, passam a ter um valor negativo: falsificação, adulteração, anulação, apagamento, desvalorização... Nesses textos e documentos a presença da rasura ou apenas seus vestígios têm o poder legal de matar sua validade, veracidade e autenticidade. Não é à toa que a "**rasura**" dá ao manuscrito um *status* de "**ras**cunho". Nesses dois termos encontramos o mesmo radical "**ras**", que significa "ação de raspar", "arranhar".

Apesar de o aluno escrever durante uma boa parte do tempo que passa na escola em praticamente todas as disciplinas, o manuscrito "não existe", isto é, aquilo que defini acima como manuscrito escolar é considerado genérica e

---

25 A não ser em situações deliberadamente provocadas, como a publicação de *Pratiques d'écriture, ou l'inachèvement perpétuel* de Francis Ponge (1984), em que o poeta apresenta notas esparsas escritas entre 1922 e 1964.

superficialmente como texto, ou, na melhor das hipóteses, como rascunho. Na escola, os alunos escrevem para fazer uma redação, para responder um questionário, para interpretar um texto, para copiar um poema ou uma receita, mas tudo acaba sendo tratado sem uma necessária atenção sobre suas condições de produção, suas funções e usos. O manuscrito de uma história não segue o mesmo procedimento didático que uma resposta interpretativa sobre um texto que o aluno acabou de ler. Não se costuma diferenciar os vários momentos do processo de escritura, nem se tem claro como diversas condições de produção podem interferir sobre esse processo. O aluno em situações avaliativas de língua portuguesa, como fazer uma redação para uma prova, pode lançar mão do "rascunho" antes de passar a limpo o texto, mas raramente escreveria um rascunho para as respostas de um questionário sobre a interpretação de um texto. Em situações menos formais, como fazer o relatório de um passeio, o rascunho pode ser solicitado, apesar de isso não garantir que o texto seja realmente trabalhado até atingir sua "versão final". Ao se fazer uma pesquisa sobre um tema em Ciências, os procedimentos de anotações diversas, resultados das leituras feitas, que poderiam servir de apoio para a escritura do texto, não parecem ser um procedimento didático corriqueiro em sala de aula.

O rascunho, com suas rasuras e borrões, sofre os efeitos dos sentidos negativos que apontei e acaba sendo um "texto" malvisto na sala de aula. Isso pode ser expresso por, pelo menos, duas práticas escolares. O uso do lápis e da borracha como material quase obrigatório para os alunos, principalmente aqueles que estão em fase de alfabetização, em oposição ao uso da caneta esferográfica, autorizado e aceito somente nas séries posteriores. Uma das razões para isso está no fato de o aluno poder apagar o que errou, sem deixar vestígios, sem riscos, rabiscos ou sujeiras.[26] A segunda prática, fortemente ligada à primeira, encontra eco na expressão "passar a limpo".[27] Em sala de aula, o rascunho e suas prováveis rasuras não fazem parte do processo escritural. Nas poucas vezes em que ele está presente nas práticas de textualização na escola,[28] seu valor é de texto secundário, de menor importância.

---

26 Não posso deixar de lembrar que aí também se encontra implícita uma noção de "erro". A rasura seria a explicitação de um erro do aluno que deve ser evitado a todo custo para que não se "aprenda" o que está errado.

27 Uma discussão sobre essa questão pode ser encontrada em Calil (2004), particularmente no capítulo 2, intitulado "Nas rasuras de práticas de textualização".

28 A ausência dos rascunhos na escola pode ser constatada tanto em boa parte das propostas de produção de texto dos livros didáticos como nas metodologias de ensino de Língua Portuguesa adotadas por muitos professores.

Escutar o invisível

Nessas práticas, o rascunho não é considerado nem como objeto de aprendizagem, nem como objeto de ensino, já que tem um caráter provisório, que conterá algumas idéias ou apenas um esboço, algo que ainda receberá sua forma bem acabada, sem rasuras e com uma boa letra, antes de ser entregue ao professor.[29] Por vezes, quando tais rascunhos são lidos pelo professor, há a intervenção[30] que anota e corrige os erros ortográficos e gramaticais apresentados pelo aluno. O destino desses rascunhos, geralmente após terem sido passados a limpo, não é nem um pouco nobre. Freqüentemente são relegados ao esquecimento, sem qualquer valor pedagógico, cultural, estético ou científico, misturados com outros manuscritos e esquecidos dentro de alguma gaveta, armário, pasta ou lata... Com eles também são jogados os traços do percurso do aluno como *scriptor* e os documentos de um processo de escritura perdidos para sempre. Raramente esses rascunhos são vistos ou tratados como documentos do processo escritural dos alunos. Esse tratamento dado ao "rascunho" na sala de aula reflete como a produção de texto tem sido considerada pela escola e como ainda se está longe de atingir uma didática que considere efetivamente o funcionamento do processo de escritura.

Entretanto, já há algum tempo, pesquisadores como Geraldi (1991, 1997) e Possenti (1996) defendem uma significação real dos processos de produção de texto na escola, na medida em que as propostas devem respeitar a função social da escrita, valorizando a presença de um leitor que não seja somente o professor e assumindo que o ato de escrever não tenha por objetivo primeiro uma avaliação normativa, mas sim que aí esteja suposto um leitor virtual ou desconhecido. Paralelamente, as propostas precisariam preservar a complexidade e a dinâmica da situação comunicativa e do próprio processo de escritura através das idas e vindas do *scriptor* sobre o texto que escreve antes de chegar à sua versão final, aquela que será socializada entre outros alunos, professores, pais, funcionários, aquela que terá como alvo a

---

29 Felizmente, essas práticas não têm sido valorizadas pelos documentos curriculares oficiais e por alguns livros didáticos mais bem avaliados pelos *Guias dos Livros Didáticos* (MEC/PNLD, 2000, 2004).

30 Não estou propondo que o professor não deva fazer interferências nos textos dos alunos. Certamente elas são de fundamental importância e condição de existência das próprias práticas de textualização na escola. A questão que se pode destacar é "como" e "quando" fazê-las. Para uma melhor discussão, peço licença para sugerir a leitura de dois artigos meus: "Os efeitos da intervenção do professor no texto do aluno" (Calil, 2000) e "A língua, a reescrita e o bilhete: interferências que singularizam o texto de um aluno de 2ª série" (Calil, 2008b).

comunidade escolar e que garantirá, por meio dessa socialização, seu caráter "publicável".

Um reflexo desse combate encontra-se anunciado nos Parâmetros Curriculares Nacionais (PCN):

> O trabalho com rascunhos é imprescindível. É uma excelente estratégia didática para que o aluno perceba a provisoriedade dos textos e analise seu próprio processo. Deixar passar, por exemplo, dois ou três meses após a produção, propor que os alunos revisem e, se necessário, façam outra versão para o texto é uma proposta que vale a pena. (Brasil, 1997, p.49)

A menção à importância dos rascunhos no processo de escritura é, todavia, tratada de forma restrita. No documento de língua portuguesa correspondente ao 1° e 2° ciclos todas as referências ao processo de produção reduzem o rascunho à necessidade de revisão do texto. A continuação da citação diz o seguinte:

> Nesse sentido, a **revisão do texto** assume um papel fundamental na prática de produção. É preciso ser sistematicamente ensinada, de modo que, cada vez mais, assuma sua real função: monitorar todo o processo de produção textual, desde o planejamento, de tal maneira que o escritor possa coordenar eficientemente os papéis de produtor, leitor e avaliador do seu próprio texto. Isso significa deslocar a ênfase da intervenção, no produto final, para o **processo de produção**. *A melhor qualidade do produto, nesse caso, depende do escritor, progressivamente, ir tomando nas mãos o seu próprio processo de planejamento, escrita e revisão dos textos.* Quando isso ocorre, pode assumir um papel mais intencional e ativo no desenvolvimento de seus próprios procedimentos de produção. (ibidem, p.49, grifos do autor, itálicos meus)

Apesar dos significativos avanços que traz esse documento, reconhecendo a importância do "processo de produção", resiste ainda uma concepção de que a qualidade do texto final dependeria da capacidade do aluno de "revisar" seus rascunhos. Essa forma de enfatizar a dinâmica do processo escritural imprime-lhe um movimento excessivamente linear, deixando pouco espaço para as experimentações, as anotações esparsas, as marcas de rasuras que podem registrar o processo de elaboração dos alunos, assim como a relação singular e equívoca que essas marcas podem indiciar entre sujeito, língua e sentido. Uma dinâmica mais próxima daquilo que revelam os manuscritos literários. Conforme transparece na citação, os rascunhos produzidos pelos alunos seriam uma espécie de "pré-textos" em que os erros, as rasuras, as

Escutar o invisível

hesitações poderiam aparecer, mas que precisariam ser revistos antes de serem "passados a limpo". Os rascunhos teriam um estatuto de objeto em via de normatização, minimizando assim o processo criativo e a trajetória que os rastros de tinta poderiam deixar sobre esse fértil terreno.

Do ponto de vista que estou defendendo, esses rascunhos, potencialmente grávidos de rasuras, fariam também parte dos manuscritos escolares, assim como os roteiros, os esboços, as respostas a questões de livros didáticos, as cópias, os esquemas, as anotações... Tudo o que for escrito pelo aluno.

Contudo, para evitar as conotações negativas que o termo rascunho possa produzir e diferenciá-lo de outros manuscritos de diferentes processos de escritura, proponho que eles sejam nomeados de "versões". As versões fariam parte do conjunto de manuscritos escolares e estariam relacionadas mais diretamente às etapas do processo de escritura. Desse modo, a escrita de uma história ou de um poema poderia ter uma, duas ou várias versões até se definir o momento em que chegaria à "versão final".

Aproximando-me de Grésillon (1994), a versão de um manuscrito produzido na sala de aula, apesar de ainda não ser a "versão final" e partir de uma solicitação externa, no caso, do professor e/ou do livro didático, já teria o estatuto de um texto, e não de "pré-texto", de "texto para ser revisado" e de "texto para organizar as idéias".

Cada ato de escritura proposto pelo professor, ao realizar um projeto didático ou estabelecer uma prática de textualização, suporia escritos cujo núcleo seria formado pelas versões e pelos textos adjacentes escritos ao longo do trabalho. Assim, o conjunto de manuscritos escolares consideraria, além das versões, todos os roteiros, planejamentos, esboços, anotações, cópias, esquemas... escritos pelos alunos. Esse conjunto registraria o tempo de cada produção, seu estado provisório, a interferência que sofreu, a quantidade de versões antes de chegar à última, os textos adjacentes que fizeram parte do processo de escritura, aproximando-se de forma mais precisa da dinâmica que compõe os manuscritos literários, mas, ao mesmo tempo, respeitando as características próprias de manuscritos produzidos em sala de aula.

Acredito que a delimitação dos manuscritos escolares poderia ajudar a resgatar tanto o aspecto processual de produção da primeira versão, segunda versão, versão final, quanto o caráter fragmentário e temporário dos textos que compõem as diferentes práticas de textualização propostas pelo professor. Isso evitaria o pressuposto que a expressão "revisão de texto" traz, a saber, que o rascunho seja reduzido a uma função "normativa" em que a volta do aluno à produção seria justificada pela revisão e correção dos erros para obter um texto melhor. O termo "manuscrito" permite resgatar a dinâmica própria do processo escritural e abre um espaço legítimo para a heterogeneidade e singularidade de todo esse processo.

No Brasil ainda não se encontra nos documentos oficiais nenhuma menção aos manuscritos como textos que compõem qualquer processo de escritura e há pouca explicitação da importância das rasuras, reformulações, hesitações que os manuscritos revelam e preservam. Só raramente os muitos materiais didáticos voltados para o ensino da língua escrita explicitam o trabalho dos grandes escritores e seus manuscritos, valorizando as marcas de retorno sobre o texto e abrindo um novo horizonte para os processos de ensino-aprendizagem.[31] Tais marcas que podem ser poderosos índices dos processos de escritura e criação e indicar significativamente as relações entre sujeito, língua e sentido.

O aluno e as rasuras[32]

Como indiquei anteriormente, a Crítica Genética, ao longo das três últimas décadas, vem estudando os processos de criação em autores consagrados por meio das análises de dossiês genéticos em que figura, principalmente, uma grande heterogeneidade de rasuras[33] realizadas no processo escritural. Sem restringir suas análises às rasuras presentes nesses documentos, os geneticistas, ao discuti-las, têm podido explicitar uma dimensão bem pouco conhecida até recentemente dos processos criativos de escritores como Flaubert (Fuchs, Grésillon & Lebrave, 1993), Proust (Grésillon, Lebrave & Viollet, 1990), Valéry (Maingueneau, 1983), Ponge (Anis, 1992), entre vários outros.

A riqueza desse campo de saber influenciou estudiosos em aquisição de linguagem escrita, abrindo um caminho de investigação sobre as rasuras feitas por escolares (Fabre, 1990, 2002; Doquet-Lacoste, 2003a; Oriol-Boyer, 2002;

---

31 No artigo "Les différentes opérations de réécriture" os autores David & Boré (1996) mostram como os alunos de 8, 9 e 10 anos podem observar os manuscritos literários e descobrir o trabalho dos escritores, e como seus rascunhos podem ser "dinamizados" com essa explicitação.

32 A análise dos trabalhos apresentados neste item tomou como base o artigo "Rasuras e operações metalingüísticas: problematizações e avanços teóricos" (Calil & Felipeto, 2000).

33 Sugiro ao leitor que confira em Grésillon (1994) o modo como as heterogeneidades das rasuras aparecem nos manuscritos dos grandes escritores.

Escutar o invisível

Abaurre, Fiad & Mayrink-Sabinson, 1997). Essas investigações, de diferentes perspectivas teóricas e procedimentos metodológicos, ao elegerem as rasuras como objeto de estudo, mostram sua extrema importância no processo escritural. Fabre, por exemplo, afirma que as rasuras dos escolares são "marcas da função metalingüística em atividade" (1990, p.39), enquanto Abaurre, Fiad & Mayrink-Sabinson procuram mostrar que as rasuras refletem um

> trabalho de modificação de algo anteriormente escrito sob forma diversa, [no qual] escondem-se freqüentemente limitações, as mais variadas, reveladoras das singularidades dos sujeitos e da relação por eles estabelecida com a linguagem. (1997, p.24)

Pioneiro na França, o trabalho de Fabre tem por preocupação central a descrição das atividades metalingüísticas[34] por meio dos tipos de rasuras que aparecem nos rascunhos e nas cópias feitas por alunos do sistema de ensino francês.[35] A autora procura mostrar, partindo da noção de metalinguagem proposta por Rey-Debove (1997), de que forma e com que intensidade essas marcas expressam uma capacidade reflexiva dos alunos na medida em que substituem, acrescentam, apagam, deslocam termos escritos.

Entretanto, as investigações sobre as rasuras nos manuscritos literários e a pesquisa de Fabre sobre as rasuras nos rascunhos escritos por escolares não compartilham a mesma abordagem teórica, nem os mesmos procedimentos metodológicos, nem têm objetivos semelhantes. *Grosso modo*, posso dizer que a Crítica Genética visa estabelecer a gênese dos *processos criativos* que envolvem a produção de uma obra literária, científica, musical, pictórica etc. enquanto os trabalhos de Fabre buscam interpretar lingüisticamente a atividade metalingüística que as rasuras podem indiciar através daquilo que ficou registrado graficamente no texto, ou, nas palavras da autora:

> O objetivo foi utilizar uma abordagem especificamente lingüística para estudar *o escrito enquanto objeto de reflexão*, submetido às modificações marcadas pelas rasuras que são os traços visíveis desta reflexão. (Fabre, 1990, p.16)

---

34 Apesar da complexidade dessa atividade que ocorre tanto no oral quanto no escrito, Fabre assume que todas as rasuras são marcas de um "retorno sobre" o escrito, portanto, são atividades que expressam algum grau de reflexão sobre a linguagem.

35 Os textos analisados por Fabre foram escritos por alunos entre 6 e 10 anos que freqüentavam o Curso Preparatório, o Curso Elementar e o Curso Médio, de acordo com o sistema de ensino francês. Cada um desses níveis de escolaridade corresponderia, respectivamente, ao último ano da Educação Infantil e aos dois primeiros ciclos do Ensino Fundamental no sistema de ensino brasileiro.

Ao sondar as características das alterações na enunciação escrita, Fabre questiona de que forma um escritor (ou um aprendiz) chega a elaborar um discurso escrito que se torne, através dos retornos ao texto, um "conjunto lingüístico socializável" (Fabre, 1987, p.15). Para tanto, ao propor a análise dos textos escritos por alunos que freqüentam os primeiros anos escolares, partiu da consideração de que os diferentes tipos de rasura encontrados são traços que assinalam o encaminhamento de um projeto de escrita à sua realização, bem como uma atitude – pelas operações da linguagem nem sempre bem precisas[36] – de interrogação e adequação daquele que escreve.

Para ter acesso a esses retornos sobre o texto, Fabre propõe uma metodologia bem delimitada. Em situação de sala de aula, a autora solicita que os professores proponham a todos os seus alunos três etapas de produção textual, sem precisar aos professores o tipo de texto ou as condições de produção. O professor poderia fazer a proposta na aula de "língua francesa" solicitando uma "narrativa" ou um "diálogo", ou então um texto de descrição e explicação em "atividades científicas e de informação". Nesses textos, como tradicionalmente acontece nas práticas de textualização na escola, o único leitor suposto era o professor, isto é, os alunos escreviam para o professor ler e avaliar, não havendo nenhuma outra função para esses textos. O mais importante para a pesquisadora era que fossem respeitadas três etapas do processo de escritura:

1ª etapa: rascunho escrito com caneta azul ou preta;

2ª etapa: releitura do rascunho usando caneta vermelha para possíveis modificações;

3ª etapa: cópia desse texto com caneta verde.

Ao todo foram analisados 300 documentos do total de material recolhido. A autora identificou todas as operações metalingüísticas marcadas pelas rasuras de supressão, substituição, deslocamento e adição.

Na "supressão", que é a operação mais freqüente no conjunto de textos analisados pela autora, o termo escolhido é riscado, rasurado e não substituído: são rasuras "não produtivas" que traduziriam o abandono da "capacidade inventiva" do escritor, conforme enuncia Fabre (1987, p.73). "Não produtivas" uma vez que, diante de uma dificuldade, o aluno escolhe suprimir o fragmento e abandoná-lo.

---

36 A autora (1986, p.69) afirma que há problemas em estabelecer os limites das operações metalingüísticas nos rascunhos feitos pelos alunos participantes de sua pesquisa.

Escutar o invisível

Contudo, a autora não se alonga na definição e delimitação do que seria essa "capacidade inventiva". Diz a autora: "certamente anular o texto já formado é a mais radical das operações de reescritura, já que ela [a supressão] consiste, no nível da expressão pelo menos, a destruir o que acaba de ser escrito" (Fabre, 2002, p.110). A supressão, assim, atende à seguinte fórmula: "X é substituído por zero".

Na "substituição", segunda operação com o maior número de ocorrências, um termo é trocado seja por ele mesmo, seja por outro. Substituir um elemento por outro é suprimir o primeiro desses elementos enquanto o segundo é acrescentado e colocado no lugar do primeiro. A substituição coloca, então, em relação de equivalência formal ou semântica, dois termos ou mais em um mesmo paradigma. Segundo Fabre, é a operação mais fundamental, pois serve de base a todas as outras modificações.

Quando um termo é eliminado e volta novamente à cena, como em "je ~~vous~~ vous fait", essa hesitação deixaria claro, segundo a pesquisadora, a dificuldade do escritor novato em "escolher" um termo melhor; quando um termo é rasurado e substituído por outro, essa "correção" seria indício da "criatividade" do escritor (Fabre, 1986, p.78), mesmo que a forma final não corresponda à mais correta. Contudo, nem sempre a substituição deriva de uma atividade metalingüística. Por exemplo, a troca constante entre "m" e "n", como em

- "la ~~ferne~~ ferme",[37]
- "la ~~m~~ nuit...~~les m~~ les nuages...~~m~~ nous...",[38]
- "le père ~~m m~~ Noel".[39]

São substituições que, consoante a autora, aplicam-se sobre os traços e não sobre os valores lingüísticos, de modo que a maciça troca entre "m" e "n" encontrada nos textos dos alunos parece revelar, conforme afirma Fabre (ibidem, p.74), uma falta de motricidade no desenho da letra.

---

37 "a fazenda.."
38 "a noite... as nuvens... nos (nós?)..." Assinalo desde já a dificuldade em observar e, por vezes, em traduzir os dados apresentados por Fabre, pois a autora, além de não contextualizá-los, apresenta apenas fragmentos, trechos desprovidos de sua seqüência enunciativa. Por exemplo, não se sabe sobre o que a criança escreve, nem o que há na linha anterior ou posterior. Em um trecho como "la m nuit...les m les nuages... m nous...", o que esconderiam essas reticências? Fabre não comenta nada a respeito em seus trabalhos. Do meu ponto de vista, saber um pouco mais do contexto enunciativo e indicar fragmentos maiores e mais coesos poderia interferir na interpretação efetivada pela autora.
39 "o papai Noel."

Fabre consente ser "muito difícil explicar esta dominância por uma dificuldade gráfica superior" e reconhece: "Não sabendo no momento como esclarecer, através de argumentos lingüísticos, este ponto tão notável, contentar-me-ei em assinalar sua importância" (ibidem).

Já o "deslocamento", no qual grafemas, sílabas ou palavras inteiras são antecipadas, como no caso "un p tout petit hippotanes...",[40] representa a terceira das operações presentes nos textos dos alunos. No exemplo acima, o "p" seria uma antecipação de "petit", e isso "talvez porque a *motricidade* da mão não vai, especialmente nos escritores novatos, tão rápido quanto a palavra internalizada. ... A sincronização, própria à escritura, da motricidade da mão e da verbalização em projeto, não está completa" (ibidem, p.76). No entanto, a própria autora aventa a possibilidade de essa rasura ser uma simples supressão.

No caso das "adições" (ou "acréscimos"), as menos representativas entre as rasuras produzidas por esses alunos, a autora afirma que elas são índices de um procedimento de correção que "conserta" uma omissão anterior. A adição é definida (Fabre, 1987) como a operação pela qual, através do retorno ao escrito, um termo aparece sem substituir nenhum elemento precedente, de sorte que uma seqüência AB torna-se, por ocasião da volta ao texto, XAB, AXB ou ABX.

No conjunto de textos analisados pela pesquisadora, a "adição" é a operação que responde pela reflexão metalingüística de ordem semântica, porquanto "permite aos escritores 'bloqueados' liberar-se do peso exclusivo da forma e focalizar sua atenção sobre o conteúdo" (ibidem, p.16), ou seja, a adição estaria relacionada ao tratamento do sentido e raramente às questões ortográficas ou gramaticais. O mesmo, no entanto, não acontece com as outras operações, ao menos nos textos analisados pela autora. Assim, nem a "supressão", cuja incidência é, consoante Fabre, muito maior sobre traços ortográficos e exibe ainda fragmentos desertados; nem a "substituição", procedimento que costuma permutar o mesmo pelo mesmo, o que traduziria uma dificuldade do aluno em escolher; tampouco o "deslocamento" que, por tratar-se o mais freqüentemente de uma simples transposição de um elemento por ele mesmo, seja um grafema, um lexema e, por isso, não equivale a uma "melhora" lexical ou estilística, não sobressaem como atividade metalingüística.

---

40 "Um hipopótamo muito pequeno..."

Além das profundas diferenças entre os estudos dos manuscritos literários voltados para o deciframento dos processos de criação e essa análise feita por Fabre sobre as atividades metalingüísticas marcadas nos rascunhos escolares, essas identificações das rasuras guardam algumas especificidades próprias da escrita relacionadas aos seus limites gráficos e espaciais. Os rascunhos escolares analisados por Fabre são interpretados com base nos limites das folhas de papel que portam as marcas de apagamento, de substituição, de acréscimo e de deslocamento, mas não permitem avançar na reflexão sobre os processos criativos em curso na escritura desses textos. A metodologia desenvolvida pela pesquisadora, apesar de fazer um interessante inventariado das rasuras nos manuscritos escolares, quantificá-las e descrevê-las, não ajuda muito a entender o que pode interferir em sua produção, que tipo de problema o aluno reconhece em seu texto quando troca uma palavra por outra ou quando e por que acrescenta um termo ou uma expressão onde antes não existia nada.

O trabalho de Abaurre, Fiad & Mayrink-Sabinson pode ser tomado como representativo nos estudos brasileiros sobre a rasura, que as autoras nomeiam de "episódios de refacção textual" (1997, p.24), isto é, a volta daquele que escreve sobre qualquer parte do que está escrevendo, desde que marcado graficamente, na forma de rasura, sobre o escrito. Em oposição a uma interpretação que busca uma sistematização, regularização e classificação dos tipos de rasuras feitas por escolares, o estudo dessas autoras dedicou-se a investigar a singularidade e heterogeneidade das reformulações emergentes em seus manuscritos. Lançando mão do paradigma indiciário proposto pelo historiador Ginzburg para as ciências humanas, elas entendem o singular como "aquelas ocorrências únicas que, em sua singularidade, talvez não voltem a repetir-se jamais" (1989, p.18).

As análises dos episódios de refacção incidem sobre textos já escritos de alunos que freqüentam os primeiros anos do Ensino Fundamental. Nessas análises, as operações metalingüísticas são destacadas pelas rasuras efetivadas sobre problemas ortográficos ou morfossintáticos que as autoras interpretam como "saliências" e "motivações" percebidas pelos escreventes, cuja "contemplação da forma escrita da língua faz com que o sujeito passe a refletir sobre a própria linguagem, chegando, muitas vezes, a manipulá-la conscientemente, de uma maneira diferente da maneira pela qual manipula a própria fala" (ibidem, p.23).

Essa forma particular de manifestação de "saliências" e "motivações" no texto é o lugar da singularidade dessa relação entre o sujeito e o texto que se escreve. Nas palavras de Abaurre, como explicar esse comportamento a não ser por características muito particulares de um sujeito singular para quem, na relação com a linguagem, aspectos específicos de forma, conteúdo e contexto na produção dos textos adquirem uma saliência em última análise determinante das ocorrências singulares? Estas, por sua vez, estão a sinalizar a singularidade do próprio sujeito. (1996, p.137)

Os episódios singulares de refacção permitiriam a "tomada de consciência" do escrevente no que diz respeito às suas "preocupações" e "escolhas", e ele ganharia autonomia na medida em que avança seu conhecimento sobre a linguagem. Abaurre assevera que

Identificar e interpretar, de forma sistemática, essas marcas, é tarefa que se impõe aos pesquisadores interessados em compreender o movimento que vai das operações epilingüísticas até a reflexão metalingüística, mais controlada, planejada e consciente. (1997, p.69)

Desse modo, para estes estudos, as rasuras revelam-se a marca de operações de que dispõe o sujeito para alcançar seu objetivo como escrevente. Apesar das diferenças teóricas e metodológicas entre esses estudos e os de Fabre, a conclusão a que chegam sobre as operações metalingüísticas limita-se a descrevê-las e a atribuir ao escrevente uma intencionalidade, cuja teleologia poderia ser posta em suspeita. Além disso, as análises centradas sobre os produtos textuais[41] podem restringir uma interpretação mais dinâmica e heterogênea para as marcas de rasuramento, poderosa aliada no desvendamento do processo criativo e, conseqüentemente, das relações entre sujeito, língua e sentido.[42]

O manuscrito, o processo de escritura em ato e a escola

Alguns procedimentos metodológicos que se aproximam daqueles que desenvolvo em minhas investigações enfocam como objeto de estudo a gênese

---

41 As análises centradas no produto final de um texto escrito em sala de aula são extremamente importantes e inúmeras investigações podem indicar isso com facilidade. A partir do referencial teórico que assumo, mas tomando somente o texto acabado escrito por alunos, discuto a singularidade tanto do erro ortográfico (Calil, 2007) quanto do processo de criação de nomes de personagens (Calil & Lima, 2007).

42 Em Calil & Felipeto (2006) há uma longa discussão sobre o modo como uma operação de substituição visando corrigir uma letra errada pode escapar de sua dimensão ortográfica e incidir sobre posições imprevisíveis, alterando, na verdade, o que já estava correto e embaralhando os estratos lingüísticos.

dos textos escritos, buscando registrar o *processo de escritura em ato*, isto é, a análise dos processos de produção durante o momento em que se está escrevendo. Nas análises sobre esse objeto de estudo, um grande número de trabalhos elege o contexto escolar como lugar privilegiado para a coleta de dados; o que certamente caracteriza esse tipo de investigação e a diferencia de outras pesquisas em que o foco no texto incide sobre sua forma acabada, sobre o produto desse processo, seja ele o manuscrito – como o faz a Crítica Genética (Grésillon, 1994) –, seja ele o rascunho escolar – como nos mostram Fabre (1990, 2001) e Abaurre, Fiad & Mayrink-Sabinson (1997).

No livro *Le processus rédactionnel. Écrire à plusieurs voix* (O processo redacional. Escrever a várias vozes), organizado por Gaulmyn, Bouchard & Rabatel (2001), alguns estudos dedicam-se à análise de um *corpus* registrado em áudio, em que dois estudantes estrangeiros, que freqüentam o Centro Internacional de Estudos Franceses (C.I.E.F.), escrevem um texto argumentativo que poderia ser publicado na seção "Carta dos leitores" da revista *Le Monde de L'Education* sobre o "dever escolar feito em casa: a favor ou contra". Nesses trabalhos, as análises feitas com base nas referências teóricas vinculadas à Psicologia Cognitiva, às Análise Conversacional, às Teorias Enunciativas propostas por Ducrot e por Bakhtin sustentam-se nas "formulações colaborativas", nas "negociações semânticas", nos "controles dos escreventes sobre o texto e no processo de aprendizagem" e na "co-construção colaborativa da atividade redacional".[43]

Metodologicamente, o registro em áudio não permite a captação do momento exato em que foram feitas as rasuras, o que pode trazer alguma dificuldade para se relacionar o que se fala e o que se rasura.

Outro trabalho que também se dedica a investigar a gênese de um texto pelo processo de escritura em ato lança mão dos recursos tecnológicos mais recentes e sofisticados, usando o programa de computador "Gênese do Texto", elaborado pela Associação Francesa para a Leitura. Esse programa memoriza

---

43 A primeira parte desse livro traz sete artigos que se dedicam a analisar o mesmo *corpus* em que esses dois estudantes combinam e escrevem um único texto. Os títulos desses artigos podem dar uma idéia dos enfoques dispensados: "Pesquisa lyonnesa sobre a redação conversacional" (Gaulmyn, 2001); "As formulações colaborativas do texto em uma redação conversacional" (Apotheloz, 2001); "A dinâmica da estruturação do texto: entre oral e escrito" (Rabatel, 2001); "Negociar os fatos de língua para o discurso" (Berthoud & Gajo, 2001); "Problema de definição e negociação semânticas na redação a dois de um texto argumentativo" (Plane, 2001); "Produção e controle da produção com o objetivo de aprendizagem da escrita em língua estrangeira" (Bouchard, 2001) e "Problemas colocados pela co-construção de um contexto comum aos parceiros de uma atividade redacional" (Bernie, 2001).

todas as operações de escritura (acréscimos, substituições, apagamentos e deslocamentos), organizando-as cronologicamente, respeitando as pausas e os deslocamentos do cursor. A pesquisadora Doquet-Lacoste (2002, 2003a, 2003b) utiliza esse recurso metodológico para analisar aquilo que o programa registra durante o processo de escritura de alunos, entre 10 e 11 anos. Individualmente, cada aluno precisaria escrever um artigo sobre o "iletrismo" na França e convencer os leitores do jornal da escola sobre sua gravidade. Em sua análise, a autora procura diferenciar as operações de escritura que visam a uma "correção formal" dos erros ortográficos e dos problemas de digitação daquelas operações que provocam "modificações semânticas" (Doquet-Lacoste, 2003b, p.17). Nas várias modificações identificadas e analisadas, a pesquisadora mostra como os alunos podem, de um lado, definir certo estilo sem a intenção de fazê-lo e, de outro lado, como um fato lingüístico ocasional pode ser aproveitado pelo escrevente e, a partir dele, explorá-lo de forma "astuciosamente explícita" (ibidem, p.26).

Outra forma de ter algum tipo de acesso ao processo de escritura em ato e permitir recuperar o que está acontecendo com o escrevente durante o momento em que escreve foi encontrada na utilização de um procedimento metodológico particular, que desenvolvo desde 1989 (Calil, 1991), a partir de minha experiência como professor de Educação Infantil e Ensino Fundamental, em situações de produção de texto em que dois alunos tenham de combinar e escrever um único texto, prática didática comum e cotidiana na escola em que trabalhava. Esse processo interacional é filmado, procurando registrar tanto o que se conversa quanto o que se escreve.

Ao longo dos anos aprimorei, como pesquisador dedicado aos processos de aquisição de linguagem escrita, os procedimentos metodológicos que envolvem essa forma de coleta de dados, vinculando as práticas de textualização e os processos de escritura em ato a um projeto didático que tem como ponto de partida a *imersão* dos alunos nos gêneros discursivos eleitos e a interferência nas práticas didáticas desenvolvidas pela escola. Basicamente, o procedimento consiste em:

a) Oferecer à escola um projeto didático em Língua Portuguesa que favoreça a leitura e a produção de textos em sala de aula, além de um trabalho de formação continuada e acompanhamento pedagógico que envolva os professores e a coordenação pedagógica.

b) Criar na sala de aula e na escola um ambiente letrado, com uma intensa circulação de textos, em particular aqueles que se inserem nos gêneros investigados e contemplados pelo projeto didático;

c) Filmar, quinzenalmente, uma prática de textualização envolvendo uma sala de aula (professor e os alunos), registrando toda a atividade solicitada e, especificamente, uma dupla de alunos que combinariam e escreveriam uma versão do texto que poderia ser reescrito em outro momento.

d) Acompanhar essa dupla, na medida do possível, ao longo do desenvolvimento do projeto didático.

e) Interferir, durante o processo de escritura dos alunos, somente respondendo aos apelos dos alunos, mas sem fazer nennhum tipo de censura, correção ou imposição em relação ao que estão querendo escrever.

De acordo com esses procedimentos metodológicos, é possível preservar, em certa medida, as características contextuais da sala de aula e manter, em parceria com o professor, a dinâmica própria das relações de ensino e aprendizagem. Por exemplo, as práticas de textualização, apoiadas nos projetos didáticos de Língua Portuguesa, estavam voltadas para produção dos textos que iriam compor um livro, marcando o encerramento do processo de escritura. Assim, se tentaria resgatar o funcionamento real desse processo através das etapas que o caracterizam e significam.

Além do registro dessas práticas de textualização por meio das filmagens realizadas e da coleta das versões escritas durante essas práticas, todos os outros manuscritos escolares escritos pelos alunos também foram coletados.[44]

Apesar de o fato de filmar dois alunos conversando sobre o que irão ou não escrever não significar que haja uma transparência naquilo que é dito, nem que o caráter empírico do dito e do escrito se sobreponha como evidência das negociações efetivadas, o processo discursivo que marca toda essa situação produz uma especificidade que seria completamente diferente se somente houvesse um aluno produzindo o texto ou se tivesse acesso apenas ao

---

44 Esses manuscritos foram xerocados e arquivados no banco de dados "Práticas de textualização na escola". Hoje, esse banco de dados, organizado por mim desde 1996, conta com mais de 2.500 manuscritos, pertencentes a diversos gêneros discursivos, escritos por alunos de 1ª a 8ª séries do 1º grau e coletados em escolas públicas e particulares de Maceió (AL), Rio Largo (AL) e São Paulo (SP) e está à disposição de qualquer aluno ou pesquisador que tenha interesse por esse objeto de pesquisa. Além disso, o banco também conta com, aproximadamente, 100 filmagens de práticas de textualização, nas quais alunos, a partir de solicitações de professores, escrevem histórias, fábulas (narrativas ficcionais) ou criam poemas. Parte desse material, assim como a produção do grupo de pesquisa "Manuscritos Escolares e Processos de Escritura – MEPE", pode ser encontrada no site <www.cedu.ufal.br/grupopesquisa/manuscritosescolares/>.

produto textual (o texto já escrito) ou ainda ao áudio, sem o registro visual dos gestos, olhares e traços que estão sendo depositados sobre a folha. A filmagem, ao registrar o que diz um professor durante a prática de textualização, as hesitações dos alunos, as falas cruzadas, os sentidos desencontrados, as palavras riscadas, as direções que tomaram ao começar a escrever um verso, uma estrofe, um poema, funcionaria como uma espécie de "memória do processo de escritura". Por exemplo, no momento em que se decidiu qual vai ser o título ou o nome de uma personagem, escrevendo-o no papel, todas as outras possibilidades de titulação ou nomeação que estavam presentes na discussão são apagadas e com elas a tensão entre o que se disse e o que ficou escrito. O contrário também pode ser visível nessa forma de registro de dados: algo escrito pode provocar um debate entre os alunos e levá-los a alterar o que já haviam feito. O produto textual, mesmo sendo o manuscrito com suas múltiplas rasuras, apesar de ser um índice importante para se inferir a tensão entre o *scriptor* e o texto e ser um documento precioso para o (des)velamento do processo de criação, também traz esse apagamento, dificultando algum acesso ao que foi pensado mas não foi escrito nem anotado em algum papel e, portanto, não foi materialmente rasurado, permanecendo invisível aos olhos (e ouvidos) de quem lê o manuscrito.

O registro em vídeo da conversa entre dois alunos abriu uma brecha por onde olhar o processo de escritura sem ser preciso recorrer aos conhecidos protocolos verbais[45] (Rojo, 1987, 1992), em que o investigador faria perguntas ao escrevente, após ter escrito um texto, para assim aceder ao que pensou durante o momento em que estava escrevendo.[46]

A metodologia desenvolvida nesse trabalho, ou, mais precisamente, a análise dessas conversas configuradas durante o *processo de escritura em ato* da criação de um poema e daquilo que fica registrado no texto pôde recuperar de forma um pouco mais abrangente, já que envolve tanto a oralidade aí presente quanto o que foi efetivamente escrito, uma parte do complexo processo de criação. A conversa entre os alunos, nesse contexto específico de escritura, porta alguma semelhança com os manuscritos literários plenos de rasuras, já que favorece um intenso processo de reformulação dos dizeres

---

45 Esses protocolos verbais foram bastante utilizados pela psicologia cognitiva durante os anos 1980 e basicamente consistiam em fazer uma série de perguntas ao escrevente sobre o texto que ele escreveu há pouco tempo (algumas horas ou alguns dias após ter escrito o texto).

46 Para uma crítica a esse tipo de procedimento metodológico, ver Souza (1998).

Escutar o invisível

em via de serem escritos. Caso se considere que as rasuras dos manuscritos literários são uma forma de "retorno sobre" o que já estava escrito, as idas e vindas marcadas pelas reformulações orais dos enunciados dos alunos não deixam de ter um estatuto que se aproxima deles, servindo como uma espécie de "manuscrito oral" ou, como disse há pouco, como uma "memória do processo de escritura".

Essa memória associada ao texto que se está escrevendo tem uma dupla dimensão. Se de um lado ela registra as reformulações orais que estão acontecendo antes de algo ser escrito, por outro ela também explicita, por meio das imagens captadas pela filmadora, o momento exato em que as rasuras estão sendo feitas no texto e o diálogo que se segue a elas, podendo até mesmo incidir sobre tais marcas, levando a novas reformulações. Aqui se coloca em questão o processo de criação, cristalizado tanto pelas reformulações orais quanto pelas rasuras marcadas no texto, presentes nessas práticas de textualização na escola.

Outro ponto importante que essa metodologia traz é o das formas como cada aluno interfere durante o processo de escritura. As formas de interferência ajudam a entender melhor como cada um se diferencia na relação com o texto que escreve. Isso tem um lugar bastante importante nas análises que desenvolverei, a saber, o processo de subjetivação desses alunos no funcionamento lingüístico e discursivo que permeia todo ato escritural.

Captar de uma só vez o que os alunos discutem e o que vão escrevendo enquanto criam um poema determinou, em parte, o objeto teórico desta investigação. Com efeito, o diálogo que se passa durante o processo de escritura foi um fator constitutivo que trouxe sérias repercussões sobre o quadro teórico assumido. Essa metodologia contribuiu tanto para uma abertura em direção a uma perspectiva genética (o exame de traços do processo de escritura), quanto para apontar em direção à elaboração de uma etnometodologia do discurso metaenunciativo (análise da realização do ato de escritura). É deste ponto preciso que parto.

2
Formas de rasurar: o literário e o escolar

Gostaria de narrar tudo através de diálogos;
quando estivesse sozinho dialogaria comigo mesmo.
No fundo é o que os escritores fazem, quando não têm interlocutor,
falam consigo mesmos, ou, como se dizia antigamente,
"falam com seus botões".
Machado de Assis falava com os seus botões.

(Rubem Fonseca)

Rasuras: marcas de uma relação

É na interface entre a rasura escrita[1] e a rasura oral que aproximarei algumas formas de reformulações produzidas no manuscrito literário e outras no manuscrito escolar estabelecido durante o processo de criação de poemas. Embora tenha apontado no capítulo anterior que os estudos de manuscritos no campo das teorias lingüísticas sobre o desenvolvimento da escrita não adotam a mesma perspectiva que as análises propostas pela Crítica Genética, devo aqui tomar um elemento em comum que justifique a abordagem comparativa entre esses manuscritos. Adoto então o ponto de vista de que, independentemente de sua natureza – exercício escolar ou criação literária em processo –, todo manuscrito traz marcas, notadamente em

---

1 Peço licença aos meus leitores para usar a expressão "rasura escrita", que certamente soa como um pleonasmo. Entretanto, ela se justifica em função do que definirei mais adiante como "rasura oral".

suas rasuras, do modo de relação entre sujeito, língua e sentido. Apesar das profundas diferenças entre os processos de escritura literária e escolar, esse seria o foco que me autorizaria aproximar marcas de rasuras em um poema de um poeta consagrado daquelas reformulações deixadas ao longo do processo de criação de um poema em contexto de ensino e aprendizado da escrita. Espero com isso suspender a questão literária que envolve tanto o reconhecimento estético de um poema quanto o estatuto de "poeta" na sociedade e no momento histórico em que vive, questão por demais polêmica e complexa para ser resolvida em tão breves páginas e que escapa ao escopo deste livro. Na análise que empreenderei, não é o valor estético que importa ressaltar, mas o processo de subjetivação implicado no ato de escrever.

Além disso, diferentemente do tratamento normativista e conteudístico que freqüentemente recebem os textos escritos na escola – tanto o dos professores quanto os encontrados nos livros didáticos –, o enfoque que darei será direcionado aos processos de criação, à singularidade e à heterogeneidade que perfazem a trajetória e constituem o manuscrito escolar. É por essa razão que não me deterei nos problemas tipicamente descritos na literatura psicolingüística sobre as aquisições e dificuldades de aprendizagem em alunos que estão nos primeiros anos escolares.

A rasura e o diálogo

Pode-se dizer que, quando se escreve, a rasura aparece como uma forma de "diálogo silencioso" com algo que já está escrito e/ou com o que falta estar lá. Um "diálogo" que coloca em cena possibilidades de outros dizeres, de outros escritos através de um movimento retroativo do *scriptor* sobre a própria linguagem, sobre o próprio texto. A *rasura* indicia que o *scriptor*, em algum momento do processo de escritura, interrompeu o percurso para voltar-se sobre o *escrito* para marcar, anotar, substituir, deslocar, acrescentar, escrever de outro modo algo que estava efetivamente escrito. Esse retorno, que pode se dar durante o "fluxo da pluma", como dizem os geneticistas, momento em que se está produzindo o texto ou após uma leitura do texto já escrito,[2] é um índice dessa relação entre sujeito, língua e sentido. Entretanto, mais do que indiciar essa relação, a rasura ilumina o funcionamento da própria linguagem sobre si mesma, isto é, sua propriedade reflexiva. O sujeito imerso

---

2 Grésillon (1994) diferencia esses dois momentos, respectivamente, como "variante de escritura" e "variante de leitura".

Escutar o invisível

no processo de escritura é o representante desse funcionamento, o que significa dizer que tal funcionamento põe-se em marcha através do sujeito.

Entretanto, cabe ressaltar que, ao contrário do que se poderia ler na epígrafe, não estou falando de um sujeito homogêneo, que dialoga com seus "botões" como se estes fossem outro "eu" ou um "eu interior", mas de um sujeito cindido, heterogêneo, falho, atravessado pela língua, pela cultura, pelo inconsciente, enfim, um sujeito alienado imaginariamente ao funcionamento Simbólico, ao grande Outro lacaniano. Um sujeito que, respondendo a essa demanda, nomeia-a, metaforicamente, de "botões", mas que, apesar dessa nomeação, não pode jamais ser entendido como portador de uma vontade consciente e controladora do "bem dizer", pois está sempre submetido às leis do significante.[3]

A reformulação, ainda que feita no fluxo da cadeia sintagmática, traz a imagem de "diálogo em voz alta" entre algo que já foi dito e o que falta estar lá. Esse diálogo coloca em cena possibilidades de outros dizeres, de outras formas de dizer através de um movimento retroativo do *falante* sobre a própria linguagem, sobre a própria fala, ou ainda sobre a fala de seu interlocutor. Parafraseando o que disse anteriormente sobre a rasura, a *reformulação* também indicia que o *falante*, em algum momento do processo enunciativo, interrompeu o percurso para se voltar sobre o que foi *falado*, para marcar, anotar, substituir, deslocar, acrescentar, dizer de outro modo algo que já tinha falado ou que poderia estar lá.

Esses fenômenos (reformulação oral e rasura escrita) revelam a propriedade reflexiva da linguagem através de um "retorno sobre" o que foi dito/escrito.[4] Restringirei, porém, sua amplitude aos fatos de linguagem que implicam, espontaneamente,[5] um movimento de retorno sobre o próprio escri-

---

3 Por meio das análises que desenvolverei, espero indicar como pode estar funcionando esse submetimento. Complementarmente, poderia citar Auroux (1998, p.269) dizendo: "Que o sujeito só possa se colocar no mundo da fala significa de início que a ordem simbólica não pode mais ser pensada como produção ou mesmo manifestação da consciência. O ser humano, ao contrário, só tem acesso a si mesmo em uma ordem simbólica que o recebe sob a forma da linguagem e na qual a determinação do significante faz valer o sujeito como dividido por seu próprio discurso".

4 Essa propriedade reflexiva da linguagem foi discutida por Jakobson (1999) e posteriormente aprofundada e diferenciada por Culioli (1967) através dos termos "epilingüístico" e "metalingüístico". Os retornos sobre a linguagem que analisarei podem ser entendidos como um subconjunto do funcionamento epilingüístico.

5 O advérbio "espontaneamente" está sendo usado aqui no sentido de "cotidianamente", "ordinariamente", "corriqueiramente", em oposição a situações "controladas" ou "indu-

to e/ou o próprio dito, produzindo substituições, apagamentos, acréscimos ou deslocamentos de um elemento já inscrito no fluxo do dizer, seja ele oral ou escrito.

Rasura e modalização autonímica

Se a rasura escrita traz, como nos diz Grésillon (1994, p.33), uma relação paradoxal, por ser, ao mesmo tempo, uma perda e um ganho para o texto, o mesmo acontece oralmente nos casos em que o enunciador, por não encontrar o termo exato, a expressão "justa", acaba empregando outras para dizer o "mesmo".

É nesse sentido que gostaria de associar a rasura e a reformulação oral ao funcionamento das modalizações autonímicas sistematicamente identificadas, inventariadas, classificadas, descritas e analisadas por Authier-Revuz (1995) no campo da heterogeneidade enunciativa, em que se constitui a não-coincidência do enunciador em relação ao seu dizer.

Dois breves exemplos retirados de seu trabalho (Authier-Revuz, 1998, p.34) ajudam a entender melhor esse funcionamento operando através das formas de modalização autonímica:[6]

> 1. Os imigrantes se sentem tão à vontade em Marselha que os incidentes racistas, *quer dizer*, os insultos dos magrebinos aos franceses se multiplicam (National Hebdo, n. 73).
>
> 2. [Billie Holiday] era uma mulher fatal, *no sentido de que* a fatalidade tomou conta dela desde o início e não a abandonou jamais (F. Sagan, avec mon meilleur souvenir, p.17).

No primeiro exemplo, a unidade lexical "os incidentes racistas" sofre um desdobramento na medida em que o enunciador procura, com o uso da glosa

---

zidas". Estou considerando situações em seu contexto ecológico, isto é, em seu contexto escolar, evitando alterar suas características didáticas ou metodológicas. Ou seja, nos dados coletados não há nenhuma solicitação externa impositiva, como a interferência do professor referente aos sentidos postos no texto pelo aluno ou dizendo que palavra deve ou não usar. Dessa forma, assumo o mesmo ponto de vista de Authier-Revuz (1995) ao considerar as "representações espontâneas" dos enunciadores sobre os elementos imaginários de sua prática discursiva.

6 No próximo capítulo a questão das modalizações autonímicas nos processos de criação em ato será mais bem desenvolvida. Aqui somente irei usá-las para mostrar o quanto algumas formas de rasura oral podem estar interferindo no manuscrito tomado em seu processo de escritura em ato.

"quer dizer", fixar um sentido para aquela unidade, isto é, uma espécie de reformulação dessa unidade especificada e parafraseada em "os insultos dos magrebinos aos franceses".

"No sentido de que", enunciado no segundo exemplo, abre um comentário metaenunciativo que restringe retroativamente o referente "fatal". Aqui é como se o enunciador, ao desdobrar reflexivamente seu dizer, quisesse "conter" os sentidos de um elemento X, no caso "fatal", mas ao fazer isso ele explicita também "uma **atestação** da realidade **enunciativa** do não-um do sentido" (ibidem, p.31), isto é, ao se restringir "fatal" mostra-se o quanto o dizer pode não ser homogêneo, uno, coincidente.

As marcas de borrão na escrita que, em última instância, indicam a substituição de um termo por outro operam de modo semelhante ao funcionamento das glosas de modalização autonímica; ou seja, as rasuras implicam expressões metaenunciativas que, no trajeto do dizer, produzem um efeito de desdobramento da enunciação de um termo. Em síntese, ao colocar um traço de rasura sobre um elemento X de sua enunciação escrita, o *scriptor* realizaria **elipticamente** o que poderia cometer de modo explícito no oral, isto é, uma auto-representação da modalização autonímica do tipo: "devo dizer Y, em vez de X"; "X, quer dizer, Y"; "X não, fica melhor Y" etc.[7]. A rasura é, certamente, um "retorno sobre" o que foi escrito, e, em muitos casos, de modo abreviado ou elíptico, guarda as formas metaenunciativas que caracterizam as modalizações autonímicas.[8]

Não se pode esquecer, entretanto, que essas irrupções marcadas no processo de reformulação sofrem a interferência do registro do simbólico (o

---

7 Felipeto (2003) faz uma descrição de algumas formas de modalização autonímica realizadas por alunos das séries iniciais do Ensino Fundamental quando participam do processo de escritura em ato de *histórias inventadas*. No próximo capítulo analisarei a presença dessas formas em *poemas* criados por dois alunos de mesma faixa etária, destacando o estatuto da "rasura oral" nesse processo.

8 Alerto o leitor para o fato de que minha reflexão se inspira no trabalho de Authier-Revuz, mas não tem a pretensão de descrever os tipos de modalização que surgem nos processos de escritura em ato em análise. Também é necessário dizer que a rasura, como marca escrita, não cumpre a simultaneidade das três características fundamentais de uma forma metaenunciativa, conforme definidas por essa pesquisadora, a saber, formas *isoláveis*, que têm a propriedade de se referir a algo que o antecede ou precede; formas *reflexivas*, que correspondem ao desdobramento, no âmbito de *um* ato único de enunciação; formas *opacificantes*, da representação do dizer (2004, p.82). Ou seja, a rasura escrita, apesar de marcar a reflexividade e opacidade do dizer, não traz a explicitação de um comentário em "um ato único de enunciação", característica que pode se manifestar diferentemente em uma rasura oral, como indicarei mais adiante.

grande Outro) e do Real (alíngua), que ameaça a unidade e consistência do Imaginário. O Simbólico – representado pelas enunciações do tipo "devo dizer", "quero dizer", "fica melhor" etc. – pode ser tomado como "o que Ele diz". "Ele" como sendo o "desejo do Outro" (Willemart, 1993), que irrompe a cada rasura ou a cada reformulação pelas fórmulas lingüísticas "quer dizer" ou "fica melhor", camufla o que vem da concepção estética, da língua, do discurso, da tradição, da cultura, do inconsciente.

Certamente essa aproximação não apaga uma dupla especificidade da escrita. De um lado, o problema da temporalidade: o fato de incidir sobre um registro escrito favorece o aparecimento de certas formas de rasura muito tempo depois da enunciação de um elemento; diferentemente, no registro oral, as retomadas metaenunciativas, em geral, são feitas no fio do falar.[9] Relacionada ao problema da temporalidade, a linearidade seria a outra especificidade da escrita: as marcas de rasura escrita não obedecem ao princípio da linearidade da fala, pois podem ocorrer sobre um mesmo espaço físico (quando uma palavra é escrita sobre outra) ou ainda em suportes distintos, como no caso em que se substitui toda uma página já escrita e rasurada por outra página ou copia-se, entre um verso e outro, um novo pequeno verso, anotado em um papel qualquer durante uma breve caminhada na praia ou uma longa viagem de ônibus, por exemplo. As formas de retorno sobre o texto "abrem" as possibilidades de "re-significações" tanto do que já estava escrito quanto do que será escrito depois. Contudo, essa dimensão temporal e linear da escrita, do ponto de vista dos processos enunciativos, parece não se afastar de um funcionamento metaenunciativo.

Esse fenômeno metaenunciativo que algumas formas de rasura podem mostrar funda-se sobre uma concepção de sujeito cujo dizer é sempre múltiplo; e de como, em face dessa dimensão do *não-um*, própria da língua, o sujeito responde "passando pelo dois de uma nomeação duplicada em duas formulações" (Authier-Revuz, 1998, p.40). Marca-se aí uma espécie de hesitação constitutiva da heterogeneidade metaenunciativa dando à enunciação em curso uma aparência de imperfeição, de fala inacabada, efeito da abertura de um espaço delimitado por duas palavras, elas próprias sendo as margens onde o dizer deve cumprir seu trajeto tortuoso, acidentado e imprevisível.

---

9 Ressalto que pode haver reformulação oral em situações em que um locutor diz, no dia seguinte, ao seu interlocutor do dia anterior, que "não era bem aquilo que queria dizer, mas..." ou "é melhor entender o que falei ontem no sentido...". Essa forma de "retorno sobre" o dito distancia-se do que estou tratando como rasura oral efetivada no fluxo do processo de escritura em ato.

É, portanto, considerando a heterogeneidade própria da rasura e o indiciamento de um sujeito cindido em seu próprio dizer que justificamos a aproximação entre as rasuras na escrita literária e as formas de reformulações orais emergentes nas práticas de textualização escolar e, por assim dizer, entendo que o funcionamento de uma assemelha-se ao funcionamento de outra. Mas para resguardar, nessa aproximação, uma diferença, adoto a noção de "rasura oral", inicialmente proposta por mim (Calil, 1998, p.108) e recentemente retomada por Felipeto (2003). Essa noção pretende, por um lado, manter a relação com o fato de que os alunos estão inventando um texto *para ser escrito* e, por outro, preservar o *caráter oral* pelo qual se constitui esse *processo de escritura em ato*. As rasuras orais, nessas condições de produção, parecem trazer uma particularidade que as distancia das reformulações orais, pois o fato de os alunos estarem falando *algo para ser escrito* interfere na própria possibilidade de enunciação. Não se reformula considerando somente aquilo que se acabou de falar, mas também aquilo que já foi *efetivamente escrito* e que pode sofrer diferentes formas de rasura escrita ou, ainda, aquilo que se disse em relação ao que *poderá ser escrito*. Esse movimento de "retorno sobre" supõe problemas de diferentes níveis: sintáticos, semânticos, ortográficos, gráficos, textuais, que, à primeira vista, legitimam pensar em uma especificidade da "rasura oral" nesses *processos de escritura em ato* instaurados em práticas de textualização na escola.

Rasuras como índices de modalizações autonímicas no manuscrito literário

No plano escrito da enunciação, os manuscritos[10] dos poemas de Hilda Hilst[11] não escapam desses modos de funcionamento. O primeiro manuscrito do poema XII da primeira parte de *Amavisse* mostra toda essa intensidade[12] (Figura 3).

---

10 Esses manuscritos, assim como os de outras obras dessa e de outros poetas e escritores, estão preservados no acervo do Centro de Documentação Cultural "Alexandre Eulálio" (Cedae) do Instituto de Estudos da Linguagem da Universidade Estadual de Campinas (Unicamp), ao qual agradeço a gentil cessão do manuscrito de que disponho.

11 Rendo aqui minha homenagem a essa grande poeta falecida em 2004.

12 Agradeço a Cristiane Grando, poeta e geneticista dedicada à obra de Hilst, o envio desse material tão precioso para a sustentação deste capítulo. A reprodução do manuscrito autorizada pelo senhor José Luís Mora Fuentes, responsável pelo Instituto Hilda Hilst, a quem também sou grato.

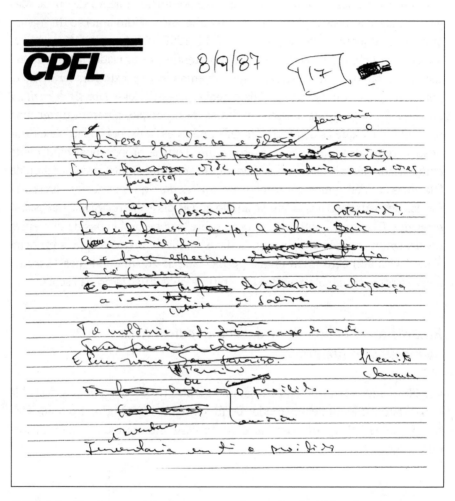

FIGURA 3 – Versão manuscrita do poema *XII* do *Amavisse* de Hilda Hilst, de 8 set. 1987 (Fundo Hilda Hilst, CEDAE/IEL/UNICAMP).

Esse manuscrito literário, como muitos dos manuscritos de grandes escritores e poetas, causa certa estranheza, certo incômodo gerado, de um lado, pela familiaridade do leitor ao reconhecer que é um texto escrito à mão em uma folha branca pautada,[13] com o timbre do antigo logotipo da Companhia Paulista de Força e Luz (CPFL), datado e escrito em língua portuguesa, em que pode atestar a leitura de alguns fragmentos, e, por outro, pela dificuldade em recuperar o que foi rasurado, em entender certas letras, palavras, frases... Entretanto, o manuscrito parece retirar o poeta de seu lugar mítico e, de certa forma, pode desfazer a idealização do poeta como ser que ocupa, simbolicamente, um lugar especial e inatingível.

O manuscrito respira, pulsa, transpira, sangra... Ele porta uma espécie de agitação, perturbação, desacordo entre as palavras e o poeta, e produz no leitor não especializado uma má impressão ou a impressão de que ainda não se tem um verso, uma estrofe, um poema. A transcrição diplomática[14] desse manuscrito pode amenizar essa impressão[15] (Figura 4).

A transcrição permite uma melhor leitura desse manuscrito, conquanto não seja suficiente para mostrar toda a complexidade do processo escritural que o envolve e que continua por outros manuscritos que o seguem formando o dossiê genético do poema. Da mesma forma, dizer que as rasuras expressam tentativas do poeta em melhorar, aprimorar ou corrigir possíveis erros do poema não parece ser suficiente para entender a relação entre sujeito, língua e sentido. Para dar mostras dessa intrincada relação vou deter-me na descrição das rasuras que emergiram nos quatro primeiros versos e que configurariam um "movimento de autoria" (Calil, 1997, 2003), isto é, um momento preciso em que se opera a "escuta"[16] do *scriptor* sobre as possibilidades do dizer.

---

13 O manuscrito foi originalmente escrito com caneta vermelha, o que cria uma plasticidade mais intensa e realça seu movimento gráfico.

14 Tomei a liberdade de alterar ligeiramente os procedimentos próprios de uma transcrição diplomática, inserindo os números das linhas para facilitar ao leitor a localização das rasuras. O mesmo expediente repetir-se-á nas transcrições que se seguirão.

15 Nesse primeiro manuscrito pode ser visualizada a presença de três versos na primeira estrofe, sendo que o quarto verso já seria parte da segunda estrofe. Na segunda versão desse poema, apresentada por um segundo manuscrito que não irei expor, o último verso foi deslocado para a primeira estrofe, ficando o poema, nessa segunda versão, escrito da seguinte forma: "Se tivesse madeira e ilusões / Faria um barco e pensaria o arco-íris. / Se me pensasses, Vida, que matéria, que cores / Para minha possível sobrevida?". Essa transcrição foi estabelecida por Grando (1999).

16 Essa noção advém da psicanálise lacaniana e é proposta por Lemos (1999, 2000b) como sendo a possibilidade de a criança "como sujeito falante se dividir entre aquele que fala e

Eduardo Calil

CPFL	8/9/87 17

1.	
2.	
3.	pensaria Se ~~ela~~ tivesse madeira e iluṣões o
4.	Faria um barco e ~~pensava ser~~ ~~e~~ ~~um~~ arcoíris.
5.	Se me ~~tomasses~~, Vida, que matéria e que cores
6.	pensasses
7.	
8.	Para ~~uma~~ a minha possível sobrevida ?
9.	Se eu te tomasse, amigo, a distância Seria
10.	~~um~~/o invisível fio.
11.	a + fina espessura, de ~~hipotético fio~~ ~~invisível fio.~~
12.	~~e só haveria~~
13.	~~e/E o mundo~~ te ~~faria de silencio~~ e chegança
14.	a Terra ~~toda~~ de saliva
15.	inteira
16.	Te moldaria a ti ~~de uma~~ numa carne de ante[s].
17.	~~Sem pecado e clausura~~
18.	E Sem nome. ~~Sem paraíso.~~ fremito
19.	s ~~E~~ Paraíso clausura
20.	~~Te faria sonhar~~ ou ~~comigo~~ o proibido.
21.	
22.	~~Sonharias~~
23.	em mim
24.	inventava Inventaria em ti o proibido
25.	
26.	
27.	
28.	
29.	

FIGURA 4 – Transcrição diplomática do manuscrito.

Escutar o invisível

1ª rasura[17] no 1º verso (linha 3): acréscimo de "ela" e seu apagamento posterior;

2ª rasura no 2º verso (linha 4): apagamento de "pensava" e sua substituição por "pensaria";

3ª rasura no 2º verso (linha 4): apagamento de "ser" e sua substituição por "o";

4ª rasura no 2º verso (linha 4): apagamento de "o" e sua substituição por "um";

5ª rasura no 2º verso (linha 4): apagamento de "um" e sua substituição / deslocamento / retorno de "o";

6ª rasura no 3º verso (linha 5): apagamento de "tomasses" e sua substituição por "pensasses";

7ª rasura no 4º verso (linha 8): apagamento de "uma" e sua substituição por "a minha".

Certamente uma análise de todas as outras marcas de rasuras, além dos manuscritos que se seguiram a este no processo de escritura desse poema de Hilst, se faria necessária para um aprofundamento de seu processo de criação, das relações entre esses versos com os demais, de seus deslocamentos, substituições, dos apagamentos de palavras, enfim, de tudo que se move ao longo desse e dos outros manuscritos que compõem os documentos de trabalho desse poema. Todavia, para o que pretendo mostrar neste capítulo, a análise dos versos iniciais, suas alterações, suas rasuras podem revelar um intenso jogo de formas significantes que se enlaçam e se constituem na cadeia sintagmática. Vale destacar como essas formas se repetem ao longo dos versos e como algumas rasuras mantêm relações entre essas formas. Para jogar alguma luz sobre o que estou querendo dizer, transcreverei os quatro versos com as alterações propostas pelo *scriptor* quando se volta sobre o poema. Destacarei em maiúscula algumas formas significantes e destacarei os dois termos substituídos indicados acima (2ª e 6ª rasuras).

---

aquele que escuta sua própria fala, sendo capaz de retomá-la, reformulá-la e reconhecer a diferença entre sua fala e a fala do outro, entre a instância subjetiva que fala e a instância subjetiva que escuta de um lugar outro" (Lemos, 2000b, p.35). No capítulo 4, o funcionamento dessa noção nos processos de escritura em ato será mais bem explicitado.

17 O fato de enumerar as rasuras nessa ordem não significa que elas tenham ocorrido necessariamente nessa seqüência.

> SE tiveSSE MAdEIRA e ilusõES
> FARIA um bARCO e *PENSARIA* o ARCO-íris
> SE me *PENSASSES*, VIDA, que MAtERIA e que CORES
> Para a minha possível sobreVIDA?

Apesar de as rasuras estarem em versos diferentes e terem sido feitas, provavelmente, durante a leitura do verso já escrito, pista dada pela posição espacial que cada um desses termos ocupa na folha de papel, o manuscrito não permite saber em quais momentos ocorreram as rasuras sobre "pensava" substituído por "pensaria" no 2º verso (2ª rasura) e sobre "tomasses" substituído por "pensasses" no 3º (6ª rasura). Não obstante, uma comparação entre essas rasuras e as formas de metaenunciação do dizer poderia ser feita ao se imaginarem as seguintes enunciações que o poeta estaria fazendo "com seus botões":

— Faria um barco e *pensava* o arco-íris, não. Seria melhor dizer, *pensaria* o arco-íris.

— Se me *tomasses*, Vida... Não! "Tomar" pode dar a entender "tirar a vida". Uma palavra mais justa seria "pensar". É melhor escrever, se me *pensasses*, Vida, que matéria e que cores!

Certamente, esses enunciados fictícios têm por função apenas ilustrar que a rasura pode guardar um movimento do sujeito em relação ao seu dizer que se aproxime, ainda que de forma elíptica e abreviada, de supor certo funcionamento da modalização autonímica. De qualquer forma, seja o que for aquilo que levou o poeta a rasurar esses termos, uma coisa parece ser precisa, a saber, as rasuras indiciariam uma não-coincidência do dizer do *scriptor* em seu processo de escritura.

Todavia, tais rasuras estão submetidas aos efeitos do processo de criação de um poema, o que dá a elas um estatuto particular em função desse gênero discursivo, pois parece dirigir os desdobramentos metaenunciativos para as relações paralelísticas[18] múltiplas.

---

18 Conforme mostra Jakobson em "Le parallélisme grammatical et ses aspects russes" (Jakobson, 1973) e "Poesia da gramática e a gramática da poesia" (Jakobson, 1961), o paralelismo é um fenômeno lingüístico constitutivo da poesia. Por outro lado, vale destacar

Considerando então os novos elementos que entram, pelas rasuras feitas sobre as palavras "pensava" e "tomasses", a forma "pensaria" (2º verso) liga-se a "pensasses" (3º verso) por um paralelismo lexical e semântico, mas, e isso talvez seja o mais importante, repete o verbo "pensar", garantindo também um paralelismo morfológico. Outra forma de paralelismo, desta vez homofônico, aparece na relação entre "pensARIA" e "fARIA" (primeira palavra desse mesmo verso – também um verbo).

Aqui, o sentido perde sua referencialidade externa em função de uma referência interna ao próprio poema, indiciando o embate da linguagem com a própria linguagem. Aliás, a presença de repetições das formas significantes na primeira parte do manuscrito desse poema ecoa com uma força retroativa impressionante:

- "M", "A", "E", "RIA" que aparecem em "MAdEIRA" (1º verso), "MAtERIA" (3º verso), "fARIA" (2º verso) e "pensARIA" (2º verso);

- "A", "R", "C" e "O" que estão em "bARCO" (2º verso), "ARCO-íris" (2º verso) e *CORes* (3º verso);

- "VIDA" no 3º verso e sua retomada em "sobreVIDA" no 4º verso.

Essas reverberações das formas significantes não ficam excluídas da substituição de "tomaSSES" por "pensaSSES". Esta última forma mantém em sua terminação verbal a repetição de "SSES" que se repete em "Se tiveSSE" (1º verso) e também em "ilusõES" (1º verso) e "corES" (3º verso).[19]

Assim, destaco as duas rasuras (~~pensava~~/pensaria – 2º verso – e ~~tomasses~~/pensasses – 3º verso) como pontos de escuta operados pelo *scriptor* ao reconhecer aí uma diferença que incidirá sobre os efeitos paralelísticos e suas relações retroativas. É sobre esse ponto que incide a noção de "movimento de autoria" citada anteriormente, uma posição subjetiva produzida por uma "escuta" daquilo que foi dito e/ou escrito. Essa posição, singular, intermitente e inesperada, está atrelada a uma subjetividade denunciada pelo

---

o trabalho de Lier de Vito (1998) e, particularmente, o de Lemos (2000a) sobre as relações paralelísticas na fala da criança. Mais adiante analisarei a presença desse fenômeno no manuscrito escolar.

19 Além das rasuras sobre "pensava" (5ª linha) e sobre "tomasses" (6ª linha) que indicam a força do paralelismo poético, há, nesse e no segundo manuscrito desse poema estabelecido por Hilst, outras relações paralelísticas, diferentes destas, que irão, como mostra Grando (1999, p.79), interferir em sua composição e em seu ritmo, além de exercerem pressões sobre a divisão das estrofes.

processo enunciativo que ressignifica as possibilidades de sentido daquilo que foi inicialmente posto na cadeia sintagmática, seja oral ou escrita, mas que sofre o retorno do sujeito que, atingido imaginariamente pelo seu próprio dizer, nele escuta outra coisa... uma diferença... um terceiro.

A breve análise sobre essas rasuras talvez já seja suficiente para iniciar uma discussão em direção a uma aproximação entre os manuscritos literários e os processos de escritura de poemas feitos por escolares.

Manuscrito escolar e suas (poucas) rasuras

Antes de apresentar a conversa entre dois alunos de uma 2ª série do Ensino Fundamental enquanto combinam o que será escrito em um único texto que estão criando, mostrarei a 1ª versão do manuscrito escolar "Quem vem me salvar",[20] poema escrito por Maria das Graças Batista Ferreira[21] e por Valdemir Gomes da Silva,[22] e farei breves comentários sobre as rasuras escritas que apresentam, além de discorrer sobre suas condições de produção (Figura 5).

---

20 Esses dados compõem o banco "Práticas de Textualização na Escola" e foram coletados nos anos de 2000 e 2001 como parte do projeto "Equívoco, Cria(n)ção & Erro: (des)limites do texto, financiado pelo CNPq. Esse banco de dados tem como objetivo oferecer material de investigação científica sobre diversos processos de escritura em práticas de textualização registradas em contexto escolar. No processo de escritura em ato que analisarei neste capítulo e no próximo, participam Valdemir e Maria das Graças. A proposta faz parte do projeto didático "Poema de Cada Dia", elaborado por mim (Calil, 2006) em parceria com bolsistas de Iniciação Científica. A execução do projeto ficou a cargo dos professores do Centro Educacional Miosótis e tinha por objetivo maior criar condições de produção adequadas em que os alunos pudessem estar imersos em um universo poético. Essa escola atende a alunos de classe social desfavorecida que, em geral, abandonaram a escola pública em função das repetidas reprovações. Isso justifica suas idades avançadas ao cursarem a 2ª série do Ensino Fundamental. Registro aqui um agradecimento especial à professora Maria José de Oliveira por nos acolher em sua sala de aula, permitindo a documentação de sua prática docente. Informo também que esse projeto didático pode ser acessado no site <www.cedu.ufal.br/grupopesquisa/manuscritosescolares/>.

21 Maria das Graças contava com onze anos e sete meses no mês em que foi realizada a filmagem.

22 Valdemir, nesse mesmo período, contava com doze anos e nove meses.

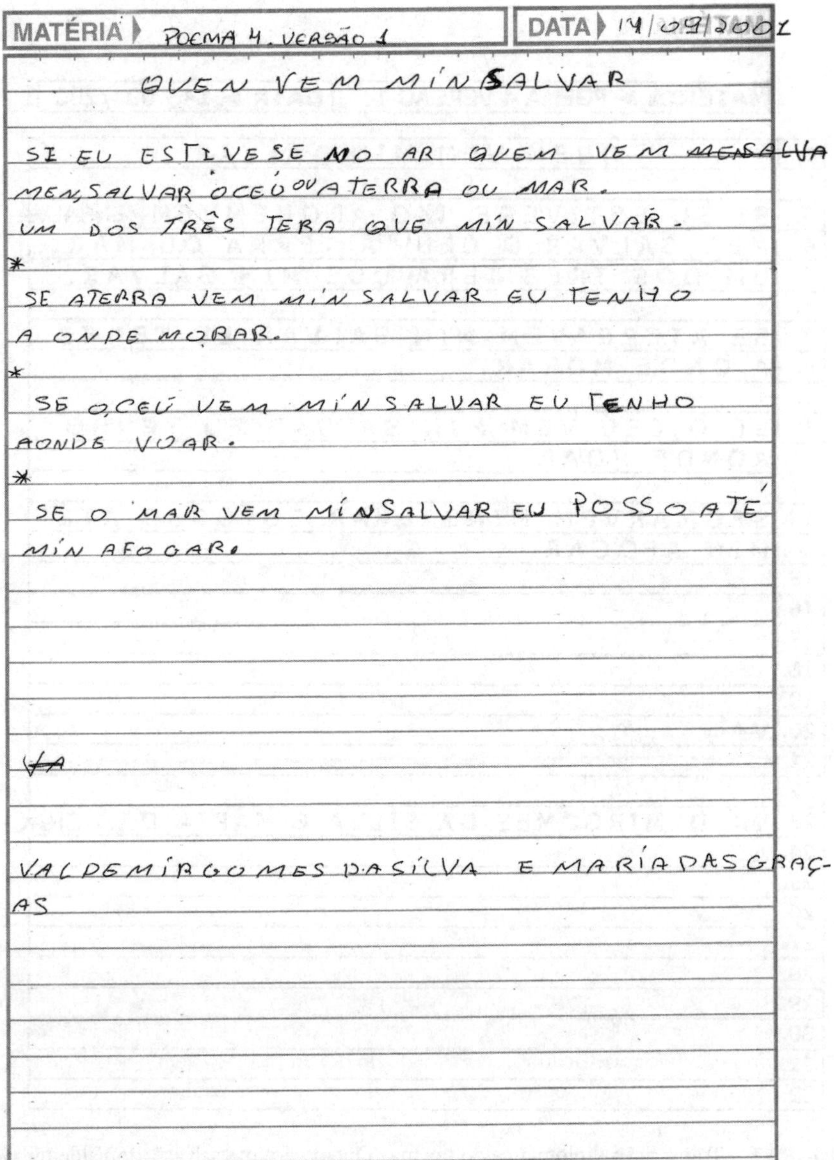

MATÉRIA POEMA 4. VERSÃO 1 **DATA** 14/09/2001

QUEN VEM MIN SALVAR

SE EU ESTIVESE NO AR QUEM VEM MEN SALVA
MEN SALVAR OCEÚ OU A TERRA OU MAR.
UM DOS TRÊS TERA QUE MIN SALVAR.
*
SE A TERRA VEM MIN SALVAR EU TENHO
A ONDE MORAR.
*
SE O CEÚ VEM MIN SALVAR EU TENHO
AONDE VOAR.
*
SE O MAR VEM MIN SALVAR EU POSSO ATÉ
MIN AFOGAR.

VALDEMIR GOMES DA SILVA E MARIA DAS GRAÇ-
AS

FIGURA 5 – Manuscrito escolar — poema "Quem vem me salvar" (1ª versão) de 14 set. 2001, de Valdemir Gomes da Silva e Maria das Graças Batista Ferreira. 2ª série, Centro Educacional Miosótis, Professora: Maria José de Oliveira.

A transcrição diplomática mostra o seguinte (Figura 6):

MATERIA ▶ POEMA 4 VERSÃO 1	**DATA ▶ 14 / 09 /200** 1

1.	QUEM VEM MIN SALVAR
2.	
3.	SI EU ESTIVESE MO ARQUEMVEMMENSALVA
4.	MEN,SALVAR O CEÚOUA TERRA OU MAR.
5.	UM DOS TRÊS T·ERA QUE MIN SALVAR.
6.	*
7.	SE ATERRAVEM MIN SALVAR EU TENHO
8.	A ONDE MORAR.
9.	*
10.	SE O,CEÚ VEM MIN SALVAR EU TENHO
11.	AONDE VOAR.
12.	*
13.	SEOMARVEM MINSALVAR EUPOSSO ATÉ
14.	MIN AFOGAR.
15.	
16.	
17.	
18.	
19.	
20.	VA
21.	
22.	
23.	VALDEMIRGOMES DA SILVA E MARIA DAS GRAÇ-
24.	AS
25.	
26.	
27.	
28.	
29.	
30.	
31.	
32.	

FIGURA 6 – Transcrição diplomática do poema "Quem vem me salvar", de Valdemir Gomes da Silva e de Maria das Graças Batista Ferreira.

Escutar o invisível

Que relação poderia haver entre esse manuscrito escolar intitulado "Quem vem me salvar"[23] dos alunos Maria e Valdemir e aquele literário do poema XII de *Amavisse* da poeta Hilda Hilst? De imediato, pode-se responder: nenhuma. Aquela é uma peça de criação literária com todo o valor estético e criativo que em hipótese alguma poderia ser comparada a um texto escrito na escola por alunos recém-alfabetizados. Este, reduzido a uma proposta feita pelo professor, traz previsivelmente poucas rasuras que indicam, consoante uma boa parte dos dados analisados por Fabre (1990) em seus estudos sobre os rascunhos escolares, substituições de ordem ortográfica, que não deixam de refletir o momento de aprendizagem do sistema alfabético em que se encontram os alunos. Ocorre que essas formas de "rasura ortográfica" não parecem interferir diretamente na construção de sentido do poema e não é este o ponto de vista a partir do qual se poderia aproximar os dois manuscritos. Como defini anteriormente, em ambos os casos importa trabalhar a maneira pela qual há uma subjetivação em processo dada por uma particular relação entre sujeito, língua e sentido.

Nesse manuscrito escolar há apenas nove rasuras:

1ª rasura (linha 1): apagamento de "A" e sua substituição por "S";

2ª rasura (linha 3): apagamento de "M" e sua substituição por "N";

3ª rasura (linha 3): apagamento de "MEN SALVAR" no final dessa linha e seu deslocamento para o início da linha 4.

---

23 Abaixo apresento o manuscrito sem os erros e as rasuras, além de estabelecer uma configuração gráfica mais precisa, propondo uma versificação mais bem delimitada. Essa transcrição não servirá diretamente para a análise. Aqui ela cumpre somente o papel de ajudar o leitor a melhor visualizar graficamente o poema que foi escrito pelos alunos.

> QUEM VEM ME SALVAR
> Se eu estivesse no ar
> Quem vem me salvar?
> O céu ou a terra ou o mar?
> Um dos três terá que me salvar!
> *
> Se a terra vem me salvar
> Eu tenho aonde morar.
> *
> Se o céu vem me salvar
> Eu tenho aonde voar.
> *
> Se o mar vem me salvar
> Eu posso até me afogar.

4ª rasura (linha 4): acréscimo de "OU" entre "O CEÚ" e "A TERRA"

5ª rasura (linha 4): acréscimo de "R" após a palavra "SALVA".

6ª rasura (linha 5): acréscimo de "R" sobre o ponto final escrito após a palavra "SALVA".

7ª rasura (linha 5): deslocamento do ponto final após a palavra "SALVA" para depois de "R".

8ª rasura (linha 10): sobrescrito de "E" sobre o primeiro "E" já escrito em "TENHO"

9ª rasura (linha 20): apagamento de "VA" e seu deslocamento para o início da linha 23.

Ao observar esse manuscrito, não há rasuras que indiquem uma busca de sentido, uma substituição de uma palavra por outra, de um termo por outro, nem deslocamentos de versos, substituições de rimas ou inversão de estrofes. A ausência gráfica de tais rasuras distancia enormemente esse manuscrito daquele de Hilst. Pode-se também destacar uma organização gráfica rudimentar das estrofes que compõem esse manuscrito. As quatro estrofes encontram-se separadas por uma linha em branco na qual há, logo em seu início, um asterisco feito por Valdemir. Isso indica, evidentemente, que a estrutura gráfica desse gênero poético já produz efeitos sobre o processo de escritura desses alunos. Apesar da separação em estrofes indicadas pela presença dos asteriscos, os versos[24] não encontram uma divisão segura em relação às rimas propostas ("AR", "salvAR", "mAR", "morAR", "voAR" e "afogAR"). Há uma concorrência entre "escrever até o final da linha", configuração usual na maior parte dos textos escritos por esses alunos, e "escrever um verso para cada linha". A rasura e o deslocamento de "min salvar" na primeira estrofe estão mais determinados pelo final da linha do que por uma tentativa em estabelecer um verso. O mesmo parece ocorrer nas estrofes e versos seguintes.

---

24 Evidentemente, para os alunos a noção de "verso" como "subdivisão de um poema, geralmente coincidindo com uma linha dele que obedece a padrões de métrica (*pés*) e de rima (variáveis no tempo e no espaço), ou prescinde deles (versos brancos e livres), caracterizando-se por possuir certa linha melódica ou efeitos sonoros, além de apresentar unidade de sentido" (Houaiss, 2001) não existe. Apesar disso, é evidente que há uma configuração gráfica bastante próxima de um texto versificado marcada não somente pelas rimas, mas também pelos asteriscos e linhas saltadas que indicariam os versos e as estrofes. Optei, assim, por tomar cada linha escrita como um "verso", mesmo que sua divisão no final de cada uma delas não coincida com as rimas apresentadas.

Escutar o invisível

Assim como no poema de Hilst, em "Quem vem me salvar" a referência do poema é o próprio poema. Como diria Badiou (1994) o "mundo das coisas" não encontra eco na linguagem poética. Ilustrativamente, posso dizer que entre "quem vem me salvar" e "o céu", "a terra" ou "o mar" não há qualquer referencialidade externa.

Manuscrito escolar e suas intertextualidades

> *La lengua es un sistema de citas.*
>
> (Jorges Luís Borges)

Consoante estava suposto no projeto didático "Poema de Cada Dia", os alunos deveriam ser imersos em uma grande diversidade de poemas. A proposta de criação desse poema, feita pela professora,[25] tomou como apoio a releitura de "Ou isto ou aquilo" de Cecília Meireles.[26] A professora declamou e depois discutiu o poema, destacando suas estrofes compostas de apenas dois versos e sua estrutura de alternância (ou... ou...) que mostra, poeticamente, a necessidade de sempre se ter que escolher ou uma coisa ou outra. Após a breve discussão com os alunos, seguiu-se a solicitação da produção da criação de um poema.

---

25 Seguindo as orientações oferecidas pelo projeto didático "Poema de Cada Dia" (Calil, 2006), algumas das propostas de atividades de produção de poemas são mais dirigidas do que outras, na medida em que se oferece explicitamente um poema que os alunos já conhecem para ser uma referência ao poema que irão criar. Em geral, o professor faz uma breve análise do "poema-referência", destacando alguns aspectos que podem chamar a atenção dos alunos (as rimas, as estrofes, o tema, os jogos de sentidos etc.). Após uma pequena discussão, os alunos são convidados a criar outro poema. O objetivo não é que o aluno faça uma cópia ou uma paródia do "poema-referência", mas que este possa interferir de algum modo no processo de criação dos alunos.

26 O poema de Cecília Meireles diz: "Ou se tem chuva e não se tem sol! / Ou se tem sol e não se chuva! / Ou se calça a luva e não se põe o anel! / Ou se põe o anel e não se calça a luva! / Quem sobe nos ares não fica no chão. / Quem fica no chão não sobe nos ares. / É uma grande pena que não se possa / Estar ao mesmo tempo nos dois lugares! / Ou guardo o dinheiro e não compro o doce. / Ou compro o doce e não gasto o dinheiro. / Ou isto ou aquilo: ou isto ou aquilo... / E vivo escolhendo o dia inteiro! / Não sei se brinco não sei se estudo, / Se saio correndo ou fico tranqüilo. / Mas não consegui entender ainda / Qual é melhor: se é isto ou aquilo" (Meireles, 2002).

No manuscrito do poema "Quem vem me salvar" não é muito difícil identificar alguns elementos intertextuais,[27] apesar de o mesmo não poder ser dito em relação ao poema de Hilda Hilst, dado que seria necessário ter acesso a um conjunto de documentos genéticos imensamente mais detalhado.

Uma primeira pontuação a ser feita refere-se ao fato de ele remeter a outro poema escrito por Maria e Valdemir quinze dias antes. Como se pode observar em boa parte dos dados que temos coletados, é freqüente encontrar nas histórias e nos poemas inventados a retomada de títulos, temas, versos, rimas, expressões, personagens, conflitos já escritos anteriormente. Essas retomadas parecem tanto funcionar como um apoio para a produção em curso quanto trazer também as marcas de relações intertextuais com os próprios textos já escritos. Assim, o poema "quem vem me salvar", apesar de ter sido escrito em uma aula em que a professora leu e discutiu o poema "Ou isto ou aquilo", tem forte relação com o início do poema "Azul" criado por esses alunos no dia 30 de agosto de 2001 (Figura 7).

---

27 Na dissertação "A intertextualidade em poemas escritos por alunos de 2ª série do Ensino Fundamental" (Souza, 2003) pode ser encontrada a análise dessas relações em outros poemas escritos por estes e outros alunos. Aqui, o fenômeno da intertextualidade faz parte do funcionamento dialógico constitutivo da linguagem. A forte alteridade que há entre os poemas escritos pelos alunos e os poemas ouvidos ao longo do projeto "Poema de Cada Dia" não pressupõe que eles estabeleçam intencionalmente essas relações, mas sim permitem indiciar o quanto estão imersos nesse universo poético.

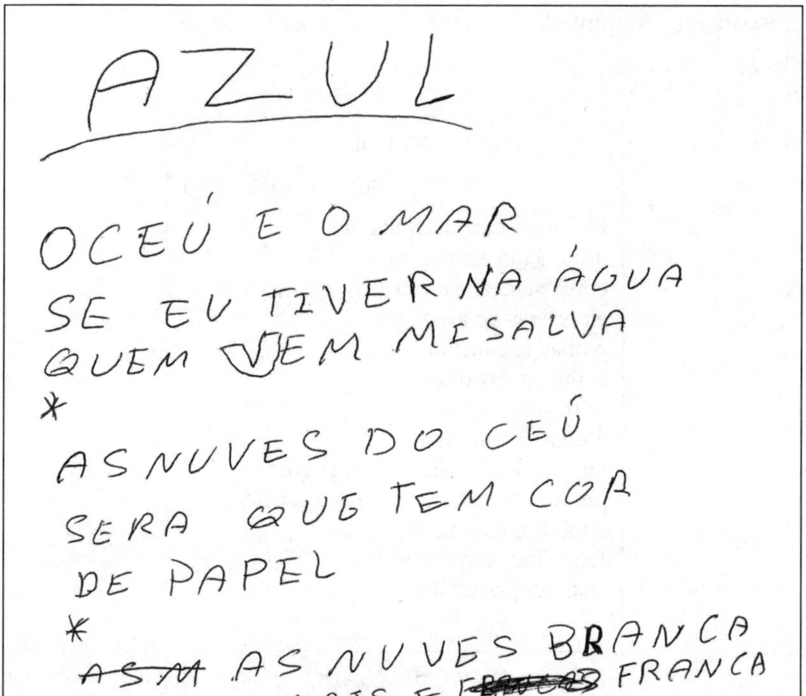

Escutar o invisível

FIGURA 7 – Poema de Valdemir Gomes da Silva e de Maria das Graças Batista Ferreira.

Não farei a análise detalhada desse manuscrito, mas devo dizer que o poema "Azul" foi escrito com base em uma prática de textualização em que a professora leu "Alaranjado" e "Verde", dois poemas de João Guimarães Rosa (1997).

VERDE

João Guimarães Rosa

Na lâmina azinhavrada
desta água estagnada,
entre painéis de musgo
e cortinas de avenca,
bolhas espumejam
como opalas ocas
num veio de turmalina:
é uma rã bailarina,
que ao se ver feia, toda ruguenta,
pulou, raivosa, quebrando o espelho,
e foi direta ao fundo,
reenfeitar, com mimo,
suas roupas de limo...

ALARANJADO

João Guimarães Rosa

No campo seco, a crepitar em brasas,
dançam as últimas chamas da queimada,
tão quente, que o sol pende no ocaso,
bicado
pelos sanhaços das nuvens,
para cair, redondo e pesado,
como uma tangerina temporã madura...

No primeiro poema há a descrição do salto de uma rã em um lago envolto à úmida vegetação; no segundo, o poeta descreve um pôr-do-sol no campo seco. Após discutir e analisar esses dois poemas, mostrando como o poeta constrói as imagens fazendo o leitor imaginar cada cena, cada cor, sem fazer menção a ela ao longo do texto, a professora escreveu na lousa, com os alunos, algumas cores que remeteriam a cenas do tipo:

- para a cor preta, "um vaga-lume no meio da noite";
- para a cor marrom, "um caranguejo dentro do mangue";

- para a cor amarela ou azul-clara, "o momento em que o sol se levanta";
- para a cor prata, "quando as estrelas aparecem no céu";

Essas orientações, seguidas pela professora, encontram-se no projeto didático "Poema de Cada Dia" (Calil, 2006), na proposta de produção de texto número 13. Em seguida a professora solicitou aos alunos que combinassem e escrevessem outro poema.

Não posso deixar ainda de notar aquilo que qualquer leitor dos poemas para crianças de Vinicius de Morais já deve ter percebido: a forte presença de fragmentos[28] de seu poema "As borboletas" nos três versos finais do poema "Azul".[29]

Voltando ao poema "Quem vem me salvar", há ainda outras fortes relações intertextuais. Observa-se claramente que esse poema retoma o que está posto na estrofe inicial do poema "Azul". Valdemir, conforme mostra a transcrição do início do processo de escritura em ato, tenta se lembrar desse poema e usá-lo como material para o novo poema que estão escrevendo. Durante o fragmento 1, Valdemir está escrevendo a primeira linha (Figura 8).

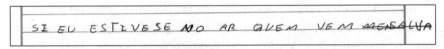

FIGURA 8 – Fragmento 1 do poema "Quem vem me salvar".[30]

1. MARIA (PERGUNTANDO COM VOZ BAIXA): Pode ser uma cor?
2. VALDEMIR (CHAMANDO A PROFESSORA): Ô tia...
3. MARIA (OLHANDO PARA VALDEMIR E FALANDO EM TOM AFIRMATIVO): Pode ser uma cor.
4. ALUNO (ESCUTANDO MARIA E DIZENDO PARA A DUPLA): cor... laranja... vermelho... azul...

---

28 Para facilitar a comparação entre o poema "As Borboletas" e o poema "Azul", destaquei os elementos comuns.
29 Apresento aqui o poema "Azul" na forma de uma "transcrição normativa", isto é, uma transcrição do manuscrito sem os problemas de ortografia, com uma possível pontuação e com uma divisão mais precisa entre um verso e outro.
30 Nas transcrições dos diálogos apresentados ao longo do livro o nome de quem está grafando aparece sublinhado. Também optei por utilizar, na medida do possível, um modelo de transcrição que respeitasse a norma ortográfica, considerando eventualmente o modo de falar característico desses alunos. Essa decisão se justifica uma vez que esses falares não interferem nas análises aqui desenvolvidas e facilitam a leitura do diálogo entre os alunos.

Eduardo Calil

5. VALDEMIR (AO ESCUTAR O QUE DISSE O COLEGA, FICA TENTANDO LEM-
    BRAR-SE DO INÍCIO DE UM POEMA ESCRITO COM MARIA HÁ DUAS
    SEMANAS): ... (S.I.[31]) sobre aquele poema... no ar... no ar...
6. MARIA: Se eu ti...
7. VALDEMIR (INTERROMPENDO-A): ...se eu tivesse no ar... quem vem me sal-
    var... o céu e o mar...
8. MARIA: Fala de novo...
9. VALDEMIR: Se eu tivesse no ar quem vem me salvar... o céu...ou a terra ou...
    ou... o mar...
10. MARIA (MANDANDO VALDEMIR ESCREVER): Vai... depois a gente pensa
    num título.
11. VALDEMIR (ESCREVENDO): Si... si... si[**si**[32]]... eu[**eu**]... estivesse... esti-
    vesse[**esti**]... tivesse...
12. MARIA: No mar... (CORRIGINDO-SE) ...no ar...
13. VALDEMIR: Estive... se... estivesse... estive[**vê**]...
14. MARIA: Estivesse é com ' c' ou com 's'...?
15. VALDEMIR: Esti... estive... sse... estive...sse[**se**]... no ar[**no ar**]... quem[**quem**]...
    ...quem... vem.[**vem**]. vem min[**men**]... sal...var[**salva**]...
16. MARIA: Salvar...

Ao iniciar a escritura do poema, Maria faz por duas vezes referência explícita (turno 1 e 3) à proposta de atividade em que a professora havia lido os
poemas "Alaranjado" e "Verde", cujo produto foi o poema "Azul". Ela, ao
perguntar, timidamente, se pode ser uma cor, traz à tona um discurso que
funciona tanto como lembrança desse tipo de prática de textualização em
que eles escolheram uma cor para escrever um poema quanto como elemento desencadeador da tentativa de rememoração feita por Valdemir. Nesse
instante, após a intervenção de um colega, os dois alunos trazem fragmentos
daquele poema, recuperando, com pequenas alterações, a primeira estrofe,
que será escrita na primeira linha desse novo poema.

Além dessas múltiplas "citações", considerando o que disse Borges, o
olhar sobre esse "sistema" em que se constitui o poema "Quem vem me
salvar" não se detém aí. De um lado, as marcas do próprio poema "Ou isto
ou aquilo", oferecido pela professora antes da proposta dessa atividade. De
outro, aparecem relações com o poema "Cantiga", de Manuel Bandeira, que

---

31 Em alguns momentos há segmentos ininteligíveis (S.I.) em que não é possível entender o
   que dizem os alunos.
32 Coloquei entre colchetes e em destaque tudo que o aluno está escrevendo enquanto fala,
   tentando preservar o exato momento do registro na folha de papel e mantendo a ortografia
   proposta por ele.

havia sido lido nos dias antecedentes e que vários alunos sabiam de cor. Adiante destacarei com itálico os elementos do poema de Cecília Meireles e com negrito os elementos do poema de Manuel Bandeira que comparecem no manuscrito de Valdemir e Maria.

OU ISTO OU AQUILO

Cecília Meireles

Ou se tem chuva e não *se* tem sol!
Ou se tem sol e não *se* tem chuva!

Ou se calça a luva e não *se* põe o anel!
Ou se põe o anel e não *se* calça a luva!

Quem sobe nos *ares* não fica no *chão.*
Quem fica no *chão* não sobe nos *ares.*

É uma grande pena que não se possa
Estar ao mesmo tempo nos dois lugares!

Ou guardo o dinheiro e não compro doce.
Ou compro o doce e gasto o dinheiro.

Ou isto ou aquilo, *ou* isto *ou* aquilo...
E vivo escolhendo o dia inteiro!

Não sei *se* brinco, não sei *se* estudo,
Se saio correndo ou fico tranqüilo.

Mas não consegui entender ainda
Qual é melhor: *se* é isto ou aquilo.

CANTIGA

Manuel Bandeira

Nas ondas da praia
Nas ondas do **mar**
Quero ser feliz
Quero **me afogar**

Nas ondas da praia
Quem vem me beijar?
Quero a estrela d'alva
Rainha do **mar**.

Quero ser feliz
Nas ondas do **mar**
Quero esquecer tudo
Quero descansar.

QUEM VEM ME SALVAR

Valdemir Gomes da Silva e
Maria das Graças Batista Ferreira

Se eu estivesse no *ar*
Quem vem me salvar?
O céu *ou* a terra *ou* o **mar**?
Um dos três terá que me salvar!
*
Se a terra vem me salvar
Eu tenho aonde morar.
*
Se o céu vem me salvar
Eu tenho aonde voar.
*

Se o **mar vem me** salvar
Eu posso até **me afogar**.

Essas relações intertextuais[33] são intensas e constantes nos poemas escritos pelos alunos envolvidos no projeto didático "Poema de Cada Dia", e, como se observa, elas funcionam como uma espécie de "matéria-prima" para o processo de criação, não entrando no poema como mera cópia ou paráfrase; palavras, expressões, versos, sintagmas e, até mesmo, fragmentos de estruturas poéticas, sintáticas e/ou gráficas são rearranjados e ressignificados durante o processo de escritura em ato, constituindo-se, através de diferentes articulações lingüísticas e discursivas, em novos textos. A presença de dois versos por estrofe parece ser um bom exemplo de como esse manuscrito pode também estabelecer uma intertextualidade gráfica com o poema "Ou isto ou aquilo", que tem todas as estrofes dispostas graficamente do mesmo modo.

Além de esse poema não ser cópia daqueles, ele também não é a cópia do poema "Azul". Como estou procurando indicar, há uma intensa força da linguagem que mobiliza relações bastante complexas entre sujeito, língua e sentido, mesmo nesse simples poema "escolar".

A estrutura poética que marca esse manuscrito é outra forma de "citação", que pode ser vista a partir do fenômeno do paralelismo (Jakobson, 1961, 1973) que o manuscrito traz. Pela estrutura paralelística que apresenta, esse poema tem uma unidade marcante que se manifesta por diferentes fatores gramaticais e semânticos, por exemplo, a partir do primeiro verso da segunda estrofe em que há uma repetição da construção sintática "se o X me salvar / eu tenho onde Y" presente nas duas estrofes subseqüentes. Além disso, o que foi enunciado na primeira estrofe em forma de pergunta "quem vem me salvar" é retomado rigorosamente pelas três estrofes seguintes através dos elementos "terra", "céu" e "mar" e por suas respectivas correlações de sentidos: "se *mora* na *terra*", "se *voa* no *ar/céu*", "se *afoga* no *mar*".

Por fim, é extremamente interessante observar que a conjunção condicional "se" da construção sintática "*se* X vem me salvar, eu tenho Y..." retoma, em parte, a estrutura de alternância condicionada apresentada, por exemplo, nos versos "ou *se* tem chuva e não se tem sol / ou *se* tem sol e não se tem chuva" no poema "Ou isto ou aquilo".

Essas são algumas das forças que impulsionam esse processo de criação. Elas estão relacionadas ao universo letrado que se criou no espaço escolar,

---

33 O texto "Marcas da dialogia no manuscrito escolar: um caso de poesia", de Souza & Calil (2004), mostra outro exemplo dessas intensas relações entre os poemas lidos para os alunos e aqueles que criaram.

Escutar o invisível

mas é o funcionamento lingüístico-discursivo no qual sujeitos e processos de escritura estão inscritos que permitirá a articulação desses fenômenos que a análise das rasuras orais poderá mostrar.

Rasura oral no processo de escritura em ato

Para discutir possíveis aproximações com o manuscrito de Hilst, o manuscrito escolar e as relações analisadas anteriormente não parecem ser suficientes, uma vez que aquilo que foi reformulado oralmente não aparece na forma escrita. Recorrerei, portanto, às "rasuras orais" registradas pela filmadora durante a conversação entre Valdemir e Maria no momento em que criavam a segunda estrofe: "se a terra vem me salvar eu tenho aonde morar".

Na transcrição do diálogo estabelecido entre os dois alunos durante a escritura da segunda estrofe, mostrarei termos, expressões ou versos ditos e reformulados, mas que não foram necessariamente escritos ou que não sofreram *rasuras escritas*. Para deixar mais precisas as rasuras orais, apresentarei essa transcrição da seguinte forma:

- Na transcrição do diálogo entre os alunos, na coluna da direita, aparecem sublinhadas as "rasuras orais" enunciadas.

- Na coluna da esquerda destaquei estas rasuras:

  - Em maiúscula com barrado simples (~~MAIÚSCULA~~) as palavras que foram rasuradas oralmente em diferentes momentos do diálogo entre os alunos, mas que voltaram posteriormente e acabaram sendo escritas no manuscrito;

  - Em minúscula com barrado duplo (~~minúscula~~) as palavras rasuradas oralmente e que *não* voltaram para o escrito final;

  - Em *itálico* o que foi dito, mas somente será escrito em um momento posterior;

  - Em **negrito** as palavras efetivamente grafadas.

Os trechos em que um aluno dita para o outro escrever ou em que faz apenas uma leitura do que foi escrito não foram registrados na coluna da esquerda por não serem considerados rasuras orais. Esse conjunto de procedimentos poderá favorecer a visualização daquilo que chamo de "manuscrito oral", do intenso processo de rasuramento que aí se instaura e de como se estabeleceu a memória da criação do poema (Figura 9).

Eduardo Calil

> *SE ATERRA VEM MI'N SALVAR EU TENHO*
> *A ONDE MORAR.*

FIGURA 9 – Fragmento 2 do poema de Valdemir Gomes da Silva e Maria das Graças Batista Ferreira.

1. VALDEMIR: Agora tem que botar o título... depois eu boto o título... (SUGERINDO UM NOVO VERSO) ...*se eu estivesse na terra...*
2. MARIA: Não. Se a terra vem me salvar... ... *eu consigo...*
3. VALDEMIR: Vamos pôr... *eu tenho onde almoçar...*
4. MARIA (COM SURPRESA.): Almoçar?!!
5. VALDEMIR: Né não? Vamos pôr... *eu tenho onde lanchar... ... se a terra vem me salvar eu tenho onde lanchar...* (CONTINUANDO COMO SE FOSSE OUTRO VERSO) ... *se o ar vem me pegar... ...eu vou querer o mar...*
6. MARIA (APERTANDO A GARGANTA COM A MÃO): Ai, estou com um negócio ruim na minha garganta... (FICAM ALGUM TEMPO OLHANDO PARA AS OUTRAS DUPLAS)
7. VALDEMIR: *Se a terra vem me salvar... eu tenho que adubar... descer ou ficar no ar...*
8. MARIA: Não. Tem que fazer uma rima...
9. VALDEMIR: E apois...
10. MARIA: Mas se não tem sentido...
11. VALDEMIR: Olha... *se a terra vem me salvar... eu tenho que descer ou ficar no ar...*

SE ~~eu estivesse na~~ TERRA

SE A TERRA VEM ME SALVAR

EU ~~consigo~~

EU TENHO ONDE ~~almoçar~~

SE A TERRA VEM ME SALVAR
EU TENHO ONDE ~~lanchar~~

SE ~~o ar vem me pegar~~
EU ~~vou querer o mar~~

SE A TERRA VEM ME SALVAR
EU TENHO ~~que adubar descer ou ficar no ar~~

SE A TERRA VEM ME SALVAR
EU TENHO ~~que descer ou ficar no ar~~

12. MARIA (BRAVA): Sei lá, uma coisa chata! Você não concorda com nada que eu falo...

13. VALDEMIR: Você...

14. MARIA: Você fala e coloca. E o que eu falo você não concorda...

15. VALDEMIR: É claro... tem vez que você fala sem sentido... (OLHANDO PARA FRENTE E BALBUCIANDO, APARENTEMENTE, O QUE JÁ FOI ESCRITO) ... *se a terra vem me salvar... se a terra vem me salvar... eu tenho onde morar... eu tenho que me... (S.I.)... eu tenho que sal...*

16. *MARIA: Se a terra vem me salvar... eu tenho onde morar... se o céu vem me salvar...*

17. VALDEMIR (OLHANDO PARA MARIA): ...*eu tenho onde voar...*

18. MARIA (CONCORDANDO): éééé.... isso... vai coloca... *se a terra vem me salvar...*

19. VALDEMIR: Se[**se**]... a[**a**]... ter..ra[**terra**]... vem[**vem**]...

20. MARIA: 'vem' é um 'é' e um 'm'... vem... me salvar... me salvar... tem 'r' salvar... (VALDEMIR ESCREVENDO [**min salvar**])

21. VALDEMIR: onde tem mais... (COLOCANDO O 'R' NAS PALAVRAS 'SALVA' QUE HAVIA ESCRITO ANTES E COMEÇANDO A LER) ...Se a terra vem me salvar...

22. MARIA (DITANDO): ...eu tenho onde morar...

23. VALDEMIR: Eu[**eu**] ...te...nho[**tenho**] ... a[**a**]...

24. MARIA: Onde...

~~SE A TERRA VEM ME SALVAR~~

~~EU TENHO ONDE MORAR~~

~~EU TENHO~~ ~~que me~~

~~EU TENHO~~ ~~que sal~~

~~SE A TERRA VEM ME SALVAR~~

~~EU TENHO ONDE MORAR~~

~~SE O CÉU VEM ME SALVAR~~

~~EU TENHO ONDE VOAR~~

se a terra vem min salvar

25. VALDEMIR: On... de[**onde**]...
26. MARIA: ...morar...
27. VALDEMIR: ...morar[**morar**]...
28. MARIA: ...morar... Pronto.
(VALDEMIR COLOCANDO
UM PONTO FINAL.)

> **eu tenho aonde morar.**

Se esse diálogo for observado através das rasuras orais destacadas no texto da coluna da esquerda, nota-se de imediato que, diferentemente do manuscrito escolar que os alunos estabeleceram, as idas e vindas sobre o que estão escrevendo não podem ser reduzidas às nove rasuras escritas identificadas em todo o manuscrito, aquelas rasuras efetivamente grafadas que incidem, em sua maioria, sobre os problemas ortográficos. O manuscrito oral, que começarei a analisar, pode ajudar a revelar a memória desse processo de escritura em ato.

As rasuras orais, conforme estou defendendo, têm uma especificidade que as diferenciaria das reformulações orais uma vez que estão sendo produzidas para se fazer um texto, uma história, um poema. Certamente, o processo dialógico entre os alunos nessa "atividade escolar"[34] favorece o surgimento das reformulações marcadas pelos apagamentos, deslocamentos, acréscimos e substituições de enunciados em via de serem escritos; todavia, em certa medida, as rasuras orais dariam outra dimensão ao processo de escritura em ato, na medida em que permitiriam potencializar a tensão entre sujeito, língua e sentido que circula durante todo processo de criação e ajudariam a revelar um pouco mais da dimensão simbólica desses embates.

Os efeitos do dizer sobre os interlocutores são imprevisíveis, mas eles não anulam ou limitam a dimensão inventiva do texto; ao contrário, dinamizam o processo de criação em sala de aula nesse momento inicial em que os alunos estão apenas ingressando no mundo da escritura de textos.

Por meio dessas rasuras orais pode-se observar que os apagamentos feitos nas recusas dos alunos entre escrever isto ou aquilo, os acréscimos que propõem, as substituições sugeridas indicam que esse processo de escritura

---

34 Estou acrescentando aspas a essa expressão para ressaltar a idéia de que esse processo de escritura é particular tanto pelo aspecto formal e institucional que apresenta (produzir um texto dentro da sala de aula, da escola), quanto pela sua especificidade, uma vez que não é uma prática social, nem cotidiana, duas pessoas escreverem, ao mesmo tempo, um único texto.

é regido pelo fenômeno do paralelismo já identificado ao comentar o "sistema de citações" que abarca esse manuscrito. Os alunos estão presos às relações paralelísticas e intertextuais que se articulam no processo de escritura e que compõem o motor do texto. As rasuras orais atuariam como um mecanismo de frenagem que, ao mesmo tempo em que restrigem as articulações entre as formas significantes, ampliam suas possibilidades de combinação, dando ao manuscrito uma unidade atestada não somente pela preservação das estruturas sintáticas ou das rimas efetivamente escritas, mas também pelo que foi dito e reformulado através dos movimentos metaenunciativos que as caracterizam.

No momento da escritura da segunda estrofe há rasuras orais que talvez possam mostrar como se estabelece a memória do processo de escritura do poema "Quem vem me salvar" e as marcas de subjetividade que parecem indicar a escuta dos alunos. Foram elas que permitiram fazer alguma aproximação com as rasuras escritas no manuscrito de Hilda Hilst.

Maria, no turno 2 do segundo fragmento, ao dizer "Não. Se a terra vem me salvar... eu consigo..." rasura o verso "se eu estivesse na terra..." proposto por Valdemir, no turno 1. Se, de um lado, o enunciado de Valdemir faz retomar de forma paralelística o primeiro verso escrito na primeira estrofe ("se eu estivesse no ar"), apenas substituindo "ar" por "terra", de outro, Maria, ao reformular o enunciado de Valdemir, preserva o "se" e a palavra "salvar" já presente no verso "quem vem me salvar". Assim, esse novo verso mantém certo paralelismo, mas, ao mesmo tempo, responde ao que enunciava a primeira estrofe, particularmente em seu terceiro verso: "O céu ou a terra ou o mar?". Como indicado antes, a estrutura sintática presente em "se X vem me salvar" terá uma força tão grande que será escrita definitivamente entre os turnos 19 e 20 desse fragmento e se manterá ao longo de todo o resto do poema, sendo substituído apenas o sintagma nominal "a terra" por outros dois: "o céu" e "o mar".

As rasuras orais se intensificam em relação ao segundo verso dessa estrofe quando surgem, em diferentes turnos, duas estruturas sintáticas paralelas, porém concorrentes. No mesmo fluxo do dizer em que Maria enuncia "se a terra vem me salvar..." ela acrescenta, não sem fazer uma pausa longa, "... eu consigo" (turno 2), Valdemir rasura essa possibilidade dizendo:

"eu tenho onde almoçar" (turno 3)

Valdemir preserva o termo "eu" dito por ela e já escrito desde o primeiro verso desse poema ("se *eu* estivesse no ar"), mas rasura definitivamente "consigo", substituindo-o pela forma "tenho", acrescentando o advérbio "onde" e o verbo "almoçar". Esse verso funciona, no jogo enunciativo entre Maria e Valdemir, como uma resposta ao verso que precede "se a terra vem me salvar", mas não deixa de estabelecer um paralelismo semântico com o último verso da estrofe anterior; "um dos três *terá* que me salvar", já que retoma o verbo "ter", apesar de não manter o tempo verbal do futuro do presente do indicativo. Curiosamente, a forma verbal do pretérito imperfeito do subjuntivo, marcado por "estivesse" naquele verso inicialmente escrito e retomado oralmente por Valdemir logo no começo do fragmento, desaparecerá completamente de todo o resto do poema.

Essas rasuras orais lembram um movimento semelhante àquele identificado nas rasuras escritas entre "~~pensava~~/pensaria" e "~~tomasses~~/pensasses" do manuscrito de Hilst, movimento que advém do funcionamento lingüístico-discursivo do qual o sujeito é o catalisador mais do que o produtor.

A forma "onde", assim como a forma "tenho", é dita e fixada no manuscrito tanto nessa estrofe quanto na próxima ("eu tenho (a)*onde* voar"). Além disso, essa forma vem acrescentar e estabelecer a necessidade de um "lugar" quase que "exigido" pelo modo condicional do enunciado "se a terra vem me salvar".

É precisamente nesses dois turnos (o turno 2 e o turno 3) que Maria e Valdemir criam a estrutura sintática que vai dirigir a continuidade do poema. Nessa segunda estrofe fixa-se:

$$SE + X + VEM + ME + SALVAR$$
$$EU + TENHO + ONDE + Y(\text{-AR})$$

O problema dos alunos agora é ajustar a essa estrutura sintática, que se fixou graças aos elementos já discutidos, os componentes semânticos e fonológicos que vão surgindo no processo interativo.

Logo que Valdemir termina de dizer "eu tenho onde almoçar" (turno 3), Maria, imediatamente, diz, não sem surpresa: "Almoçar?!!".

Valdemir, agora rasurando "almoçar", propõe "lanchar" (turno 5), como quem diz "'Almoçar' não é bem o termo, *melhor seria dizer* 'lanchar'". Em seguida ele continua criando o poema dizendo "se o ar vem me pegar... eu vou querer o mar", quebrando, ligeiramente, a estrutura sintática que já havia sido fixada.

Ora, qual é exatamente o desacordo aqui? O que tanto Maria quanto Valdemir estranham? Do ponto de vista fonológico, a rima "AR" é justa, mas será que o componente semântico não estaria interditando, imaginariamente, a fixação dessas duas palavras, uma vez que remetem ao ato de "comer"?

Maria não responde a ele, lamentando algo que a está incomodando na garganta. Há um breve silêncio entre eles até que Valdemir, ao enunciar "se a terra vem me salvar... eu tenho que adubar... descer ou ficar no ar..." (turno 7), retoma o verso com a palavra "terra", mas rompe o paradigma aberto por "almoçar/lanchar", propondo, quase simultaneamente, duas outras possibilidades.

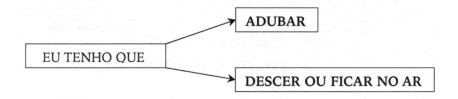

Essa rede associativa proferida por Valdemir não entra no manuscrito, mas vale a pena comentá-las em virtude de sua relação com a palavra "terra". Se, retroativamente, a presença de "terra" poderia ser associada a "lugar em que se pode comer" ("almoçar" / "lanchar"), nessa segunda formulação, seu valor passa a ser, de um lado "lugar em que se pode plantar" ("adubar"), de outro por uma relação de oposição com o verso subseqüente, "lugar em que se pode pisar, andar" ("descer ou ficar no ar"). Ele insiste nessa segunda possibilidade, repetindo, no turno 11, "se a terra vem me salvar... eu tenho que descer ou ficar no ar...".

Essas formas são reiteradamente rejeitadas por Maria ao tentar dizer, com alguma irritação e de diferentes maneiras, por que se deve rasurá-las:

- "Não. Tem que fazer uma rima." (turno 8)
- "Mas se não tem sentido." (turno 10)
- "Sei lá, uma coisa chata! Você não concorda com nada que eu falo." (turno 12)
- "Você fala e coloca. E o que eu falo você não concorda." (turno 14)

Nenhum desses enunciados pode ser considerado exato ou "a razão" da recusa de Maria, pois há rima, há sentido e Valdemir muitas vezes acata o que ela diz, como no início dessa segunda estrofe, quando ela propôs "se a terra vem me salvar", que ele irá escrever durante os turnos 19 e 20. Então, o que se passa? Por que Maria resiste aos versos sugeridos por Valdemir?

Difícil responder com precisão. Entretanto, são essas rasuras orais que fazem retornar (turno 15) e estabilizar a estrutura "eu tenho onde" dita por Valdemir pela primeira vez no turno 3, mas agora com o termo "morar". Caso se pudesse materializar graficamente a construção oral desse trecho do poema na forma de um manuscrito, seria o seguinte (Figura 10):

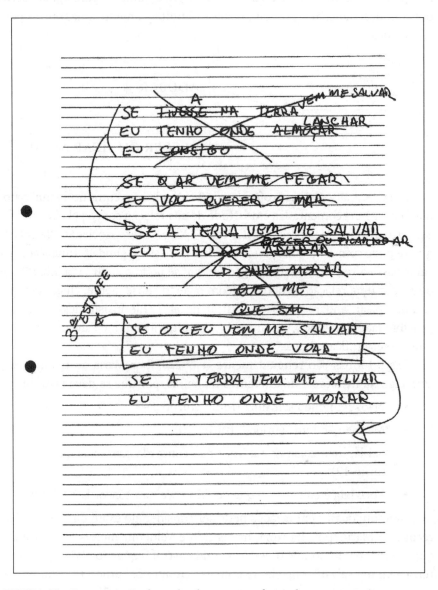

FIGURA 10 – Representação de trecho do poema na forma de um manuscrito.

O processo de escritura desse verso não parece estar diretamente relacionado ao problema da rima, pois, como disse, as formas "almoçAR", "lanchAR", "adubAR" e "ficAR no AR" fazem rima com "salvAR". A fixação da forma "morar" não é, portanto, apenas uma questão de rima, mas também um problema semântico, já que há, imaginariamente, para esses alunos, uma articulação de sentido entre "terra" e "propriedade, terreno, lugar para habitar". Aqui, o imaginário de Maria e Valdemir parece se encontrar.

A despeito dessas questões semânticas que mostram como uma instância imaginária pode interferir na construção do poema e sua unidade de sentido, gostaria de destacar outras duas forças que estariam incidindo sobre as formulações feitas por Valdemir ocorridas nesse fragmento.

A primeira delas está relacionada à cadeia sintagmática. Observei há pouco que, ao longo do processo interlocutivo constitutivo da escritura do poema, surge a estrutura sintático-poética "se X vem me salvar / eu tenho onde Y (-AR)". Essa estrutura dará unidade ao manuscrito e parece ser um dos elementos responsáveis pelas rasuras orais propostas por Maria sobre os versos "eu tenho que adubar, descer ou ficar no ar" e "eu tenho que descer ou ficar no ar" criados por Valdemir.

Todavia, a presença de "que" e de "ou" indiciam alguma relação com fragmentos advindos de formulações anteriores, como aqueles que se encontram nos dois últimos versos da primeira estrofe:

- "o céu *ou* a terra *ou* mar"
- "um dos três terá *que* me salvar"

Ora, essa construção *"que... ou..."*, feita por Valdemir, muito provavelmente espelha, de um lado, o poema *"ou isto ou aquilo"* de Cecília Meireles, e de outro, por meio de um movimento metonímico, uma espécie de fusão das estruturas sintáticas entre o verso "um dos três terá *que*..." escrita no final da primeira estrofe e aquelas propostas no início da segunda estrofe (*"eu tenho* onde..."*).

As estruturas em que se manifestam *"que... ou..."* traem uma ruptura em relação à estrutura "eu tenho onde Y(-AR)". As rasuras orais que apagam aqueles versos seriam provocadas também pela predominância e interferência dessa estrutura. Seu funcionamento e o modo como o sujeito aí se inscreve exigem que seja relativizado o poder de negociação de sentidos entre os interlocutores.

Outra força mais sutil, mas, por isso mesmo, extremamente valiosa para a análise desse processo de escritura em ato e das rasuras indicadas naquele manuscrito escolar refere-se às formas significantes. Há uma aproximação entre as formas "AlMOçAR" e "MORAR". Não seria somente a rima, nem só o sentido que forçariam a emergência de "MORAR", mas a preservação das formas significantes que já estavam em "AlMOçAR". Uma repetição que pode ser mostrada do seguinte modo (Figura 11):

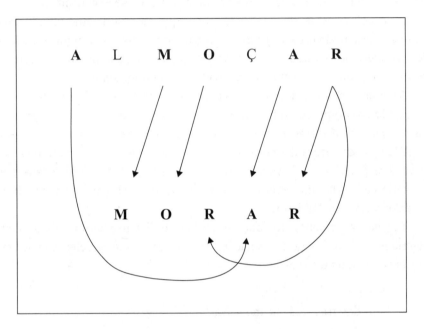

FIGURA 11 – Representação de duas formas significantes.

Esse processo indica, mesmo na simplicidade de suas rimas, o lugar subjetivo de um sentido que não cabe em si, uma repetição que preserva a diferença na proliferação dos sentidos.

Por essa razão, as rasuras escritas e orais localizadas nos manuscritos em questão não são meras substituições, mas a marca de um corte não suturado escancarando o vazio de sentido próprio à linguagem e mostrando as pressões que sofrem os sujeitos e suas formulações. São os modos de deixar aparecer tais buracos que indicam movimentos singulares de subjetivação e que podem ajudar um pouco a compreender os processos de criação de alunos que estão escrevendo em sala de aula e os manuscritos literários legados pelos grandes escritores.

Escutar o invisível

Entre uma rasura e outra, um funcionamento

Tanto no manuscrito de Hilst quanto no de Valdemir e Maria procurei mostrar algumas forças próprias e propulsoras do funcionamento lingüístico-discursivo que interferem no processo de escritura, particularmente na criação de um poema. Não é porque falta sentido ou porque se busca uma melhor forma de dizer ou porque a informação não está completa que se risca uma palavra em favor de outra. Apesar de não supor em momento algum que um reconhecido escritor literário esteja sujeito a esse funcionamento do mesmo modo que alunos no início de sua escolarização, o processo que aí se opera indica que há uma possível aproximação entre eles. Inscrito nesse funcionamento, o sujeito, se de um lado dribla a escassez de signos em face das numerosas coisas que se tem para dizer, de outro mantém-se preso a certas repetições que interferem nas possibilidades de um dizer outro.

Assim é que se pôde fazer a análise dos fatos de rasuras aqui focalizados. A força do funcionamento lingüístico-discursivo que mobiliza elementos múltiplos e diversos, como gráficos, intertextuais, paralelísticos, anagramáticos, semânticos, sintáticos, fônicos, que atuam nesses dois processos de escritura e em seus respectivos manuscritos, residem nas repetições identificadas; entretanto, é na sinergia entre elas que irão se constituir não só a singularidade do texto, mas, sobretudo, os diferentes modos de subjetivação desses sujeitos e os efeitos de sentido mobilizados. Cada repetição integra uma diferença que faz furo na frágil autonomia do sujeito e, ao mesmo tempo, impõe-se como uma necessidade na produção dos efeitos de sentidos possíveis.

No manuscrito de Hilst, a forma "pensaria" (segundo verso) induz "pensasses" (terceiro verso) a partir da repetição de "pensa", que é, nas duas outras que foram rasuradas ("pensava", segundo verso, e "tomasses", terceiro verso), o ponto de encontro entre o mesmo e o diferente. Quero dizer que "PENSA" não apontaria para um espaço semântico comum, mas para a possibilidade do vazio próprio ao significante, conforme propôs Lacan (1998). Esse vazio seria preenchido pelas dissonâncias "SSE" e "RIA", que funcionam como um fragmento significante religando as diferenças à repetição.

Em direção semelhante parece caminhar a manutenção da estrutura sintática "eu tenho onde" e a presença de "morar" no manuscrito escolar. Não é nem só a rima, que já estaria garantida por "almoçAR", "lanchAR", "adubAR" e "descer ou ficAR no AR", nem só o sentido, caso se pensasse que "terra" e "morar" já habitariam um espaço semântico próximo, mas a repetição paralelística tanto daquela estrutura quanto das formas significantes "M", "O", "A" e "R" que já estavam em "AlMOçAR", repetição que preserva a diferença na proliferação dos sentidos. É aqui que a rasura oral encontraria sua especificidade como objeto de estudo dos processos de criação e escritura em ato de manuscritos escolares e permitiria mostrar os movimentos singulares de subjetivação.

3
Autonímias e modalizações autonímicas no processo de escritura de um poema

*Dois sujeitos falantes são necessários e realmente distintos,
e de nenhum ponto de vista a diferença pode ser preenchida.*
(Jean-Claude Milner)

Neste capítulo aprofundarei um pouco mais o funcionamento das autonímias marcadas pelas rasuras orais[1] presentes no processo de escritura em ato do poema "Quem vem me salvar". Continuarei a perseguir as pistas deixadas pelo *scriptor* ao longo da filmagem e finalmente escritas no manuscrito escolar, assumindo a perspectiva enunciativa aberta por Authier-Revuz (1995), em que todo dizer possui uma heterogeneidade que lhe é constitutiva, o que significa que o sujeito encontra-se destituído do domínio de seu dizer e estruturalmente clivado pelo inconsciente (Lacan, 1998) e pelo interdiscurso (Pêcheux, 1983).

A heterogeneidade constitutiva é aquilo que escapa ao sujeito da linguagem, ou, como diz Authier-Revuz, "toda fala é determinada *fora* da vontade do sujeito" (Authier-Revuz, 1990, p.26). Assumindo radicalmente a noção de dialogia formulada por Bakhtin (1970), ela entende o sujeito inscrito nessa relação de alteridade absoluta com a linguagem. A heterogeneidade constitutiva marca-se, na fala do sujeito, pelas não-coincidências que aí emergem: homonímia, ato falho, ambigüidade, mal-entendido... tudo o que está

---

1 Análises mais detalhadas e extensas sobre a rasura oral podem ser encontradas em Felipeto (2003) e Calil (2003).

do lado do não-um da comunicação. Trata-se de uma não-coincidência constitutiva do sujeito na linguagem.

Dizer isso supõe então que o sujeito funda-se nessa diferença, não havendo possibilidade de estar fora dela, nem de ter acesso a sua dimensão, nem ao seu funcionamento, a não ser pelas bordas, pelas frestas, pelos índices que escorregam do processo enunciativo.

Autonímias, modalizações autonímicas e rasuras

A configuração metodológica delineada nesse estudo sobre os processos de escritura em ato lança uma cor particular sobre algumas formas de não-coincidência do dizer, na medida em que ela favorece, pela reflexividade da linguagem, o fato autonímico que guarda um lugar de extrema importância no desvendamento desse processo criativo a dois. Na reflexão autonímica "há um signo que se impõe como objeto, propulsionado à frente da cena (enunciativa) como 'personagem' ao qual o dizer faz referência, saindo aí de seu papel de engrenagem ordinária da maquinaria do dizer, condenado ao apagamento da realização de sua função ordinária de mediação" (Authier-Revuz, 2003, p.71).

O enunciado abaixo pode ajudar a explicar melhor esse funcionamento:

"você não viu o aviso 'silêncio' fixado na parede?"

Nesse enunciado há, como mostra Authier-Revuz, "um signo semioticamente complexo, cujo plano do significante é ele mesmo um signo ... de significado homomorfo àquele do signo ordinário, tendo por significante este signo ordinário (significado e significante) que permite referenciá-lo" (ibidem, p.72). Em outras palavras, a retomada do significante "silêncio" retira o signo "silêncio" de seu "uso" ordinário para fazer dele seu objeto de referência. Tem-se simultaneamente um "uso" e uma "menção" do signo lingüístico.

A modalização autonímica tem no fato autonímico um de seus elementos principais, sendo um dos vários fenômenos[2] que mostram o funcionamento heterogêneo da linguagem. A modalização traz "no nível da enunciação, o desdobramento de um dizer que ... se dobra de uma representação deste dizer, no qual se fala de uma palavra" (Authier-Revuz, 2003, p.73).

---

2 Segundo Authier-Revuz (1995) a "heterogeneidade mostrada" pode se manifestar pelas aspas, pelo discurso direto, pela citação, pela ironia, pelas glosas metaenunciativas etc.

Como antecipei no capítulo anterior, esse desdobramento releva uma configuração enunciativa que inclui um retorno sobre o signo referido na enunciação e seu comentário. Apresento aqui outro exemplo que poderá ajudar a entender melhor esse tipo de desdobramento:

> O "buraco" em que o Du mora em Paris, *para empregar a palavra que ele mesmo usa*, é bastante pequeno, mas suficiente para uma só pessoa. (Comentário de Cristina Felipeto, fev. 2004)

Há, nessa enunciação, o desdobramento de um dizer que fala simultaneamente da *coisa* "buraco" e da *palavra* "buraco", ou seja, na modalização, o enunciador, além de usar o signo X ("buraco"), acrescenta ao uso desse signo um *comentário reflexivo* ("para empregar uma palavra que ele mesmo usa"), configurando um *retorno sobre o dito* e uma *representação do dizer*. Dentro de toda forma de modalidade autonímica manifesta-se a clivagem de um fato de recepção da enunciação, traindo o intervalo entre o enunciador e "suas palavras", que são recebidas pelo próprio enunciador como separadas dele. É nesse sentido que se pode dizer que na modalidade autonímica o signo é *empregado* e *comentado* ao mesmo tempo, mostrando uma não-coincidência do sujeito com seu próprio dizer. Essa não-coincidência – que afeta a posição de domínio e de intencionalidade "estratégica" do sujeito – deve ser elidida para que o sujeito se constitua como sujeito *de* linguagem. Essa elisão, esse apagamento do não-um que atravessa o dizer do sujeito dá-se por meio da função de desconhecimento – desconhecimento pelo sujeito de que sua representação do dizer seja da ordem do Imaginário, ordem em que o sentido ganha unidade e se estabiliza.

Nas análises que apresentarei, o retorno do *scriptor* sobre aquilo que se está combinando com o objetivo de escrever um poema aproxima-se, por meio das autonímias e das modalizações autonímicas que ocorrem no fluxo da interação verbal, daquilo que Authier-Revuz chamou de "dialogismo interlocutivo imediato" (1995, p.212-5) ou "não-coincidência interlocutiva" (2004, p.81-103). Esse tipo de "não-coincidência" caracteriza-se por uma glosa que testemunha o encontro com o dizer do outro, uma forma de recepção efetiva das palavras do outro, às quais se reage, retomando-as, em uma segunda ocorrência, sobre o fio de seu discurso (1995, p.212).

Essas formas saídas das "retomadas em eco", que Granier (2003, p.218) analisa nos diálogos das peças teatrais de Marivaux, "funcionalmente permitem a designação da palavra do outro de se instalar em sua própria fala. ... um 'gesto' discursivo que funciona como um índice co-textual, pois há uma ancoragem sobre um segmento do dizer do outro e uma retomada sobre um ponto da cadeia sintagmática" (ibidem). Nessa configuração as formas de não-coincidência manifestam-se a partir da relação entre os enunciados dos parceiros em um processo de co-enunciação. Essas formas têm uma característica particular, na medida em que elas "tanto são endereçadas a uma estrutura em que não coincidem os dois interlocutores, quanto a um elemento X que é dado como 'não sendo evidente', dobrado por uma representação de sua enunciação que altera sua transparência" (Authier-Revuz, 1995, p.163).

O breve diálogo abaixo poderá explicitar esse funcionamento em que um elemento X, presente no enunciado de um interlocutor, se desdobra na representação da enunciação subseqüente.

> D. E.: O senhor ironiza sobre os "mestres do pensar": o senhor não acredita então que os *intelectuais* têm um papel a jogar na sociedade?
>
> G. D.: Eu *não gosto* da palavra "intelectual". *Eu nunca compreendi o que ela quer dizer*. [G. Dumézil, *Entrevistas com D. Éribon*, p.204] (ibidem, p.182, grifos meus)

O comentário reflexivo "eu não gosto... nunca compreendi o que ela quer dizer" marca uma dupla não-coincidência: de um lado, a relação entre dois sujeitos não-simetrizáveis, de outro, o retorno do elemento X ("intelectual") que, ao se desdobrar, explicita sua diferença e aponta sua opacidade.

Granier (2003, p.218) afirma que a retomada em eco pode ser um "índice mínimo de opacificação" que aceita a materialidade da fala do outro, marcando seu propósito e sua identificação, mas dela se diferenciando. Entretanto, a retomada e o comentário metaenunciativo não se pressupõem, na medida em que uma "retomada em eco" pode ser somente uma repetição do termo sem estar acoplado a um comentário lingüisticamente registrado. O que não impede, certamente, que o comentário seja marcado entonacionalmente por uma ironia, um questionamento, uma estupefação, uma surpresa, etc.

Não obstante, diferentemente do *corpus* analisado por Authier-Revuz (1995) e Granier (2003), o dialogismo interlocutivo imediato que se configura nos processos de escritura em ato tem, na produção de um texto escrito, seu objeto final. No caso aqui analisado, um poema. A autonímia, mobilizada pelas rasuras orais e escritas, mais do que retirar um signo de seu "uso" ordinário, presente na fala do outro, fazendo dele um objeto do dizer, aponta para uma modalização em estado latente. Apesar de os enunciados

dos alunos não apresentarem as estruturas morfossintáticas de glosas como "conforme você disse", "no sentido próprio", "a expressão X é...", conservam um "ar de menção", como diria Figueira[3] (2003, p.193), ou, como irei defender, elas estão presentes como virtualidades.[4]

Essas rasuras indiciam, em última instância, um comentário reflexivo ou um comentário lingüístico sobre um signo, produzindo apagamentos na medida em que, ao se negar uma formulação anterior, acrescenta aí algo a mais; um movimento paradoxal já detectado por Grésillon (1994), como apontei no capítulo 1. Na rasura, o retorno do sujeito sobre o dizer e o escrito, visando reformulá-lo, refazê-lo, produz um apagamento da enunciação precedente e, ao mesmo tempo, traz um dizer que pode estar marcado pela modalização. Inseridos nesse funcionamento, sujeito e sentido jamais escapam às não-coincidências que aí perpassam.

Sob esse aspecto, associo algumas formas de rasurar e, particularmente, certas rasuras orais ao funcionamento metaenunciativo da autonímia, sistematicamente descritas por Authier-Revuz, de sorte que as marcas de apagamento que, no escrito, podem indicar a substituição de um signo por outro, aqui se articulam às glosas de modalização autonímicas simplificadas, mas que têm, implicitamente, uma estrutura morfossintática complexa.

Entre rasuras e autonímias, algumas modalizações se estendem

Vale relembrar que, como traço escrito, a rasura apresenta alguma semelhança com a reformulação oral, na medida em que ambas caracterizam-se por um "retorno sobre" aquilo que foi dito ou escrito. A análise dos enunciados que marcam esse "retorno", no processo de escritura em grupo de dois, deixa transparecer a opacidade do sentido pelas manifestações orais e pelos

---

3 Vale apontar o trabalho de Figueira (2003), que analisa, também considerando os estudos de Authier-Revuz, as glosas enunciadas por duas crianças de 2 e 6 anos de idade. Buscando mostrar a propriedade reflexiva da linguagem e a capacidade que têm as crianças nessa faixa etária em produzir autonímia, Figueira classifica-as em quatro tipos: 1) retificações, réplicas; 2) palavras interditas; 3) definições; 4) comentários sobre casos de não-coincidência.

4 Nos processos de escritura em ato que apresento em Calil & Felipeto (2008) discuto como a retomada da fala do parceiro pode indiciar "derrapagens" do dizer, suspendendo e interrogando o sentido convocado e fortalecendo a hipótese sobre a modalização autonímica em estado latente.

confrontos, imaginários, entre os interlocutores. A metodologia utilizada para a coleta de dados potencializa a não-coincidência do dizer nesse processo co-enunciativo, cujo enfoque incide sobre os efeitos dos enunciados produzidos ao longo da interlocução que aí se consolidou, tendo sempre em vista seu ponto de chegada, a saber, o texto efetivamente escrito. Aqui, mais especificamente, analisarei as rasuras orais considerando as autonímias produzidas, alterando, delineando e explicitando as tensões, não entre os interlocutores, mas, prioritariamente, entre o *scriptor* e as formas de representação da enunciação em relação ao que está sendo escrito.

Voar... em que sentido?

Como mostrei na análise do momento em que Valdemir e Maria estão escrevendo o segundo verso do poema "Quem vem me salvar" ("se a terra vem me salvar / eu tenho onde morar"), as rasuras orais presentes no jogo enunciativo estabelecido entre os interlocutores são mobilizadas por forças múltiplas que atuam no funcionamento lingüístico-discursivo e indicam que a negociação de sentido entre eles é, de fato, um efeito do modo como tais forças interferem no processo de escritura, ou, como Authier-Revuz diz, essa negociação "consiste em reconhecer, nesse dizer, o jogo do não-um, mas ao modo da *denegação*, pela representação que dele é dada – a de um acidente, uma falha local, preservando e até reafirmando assim, nos próprios lugares em que ele é questionado, o fantasma da coincidência de UM, necessário ao sujeito falante" (Authier-Revuz, 2004, p.85-6).

Destacando o fato autonímico, pelas rasuras orais, e procurando revelar como essas autonímias podem gerar certas formas metaenunciativas que interferem na criação do poema, discutirei o processo de escritura em ato que resultou nas duas últimas estrofes.

Na terceira estrofe da primeira versão do manuscrito escolar "Quem vem me salvar" lê-se[5] (Figura 12):

---

5 Como meu objetivo aqui é mostrar o modo como os alunos constroem "sentidos" para o poema, apresentarei após os fragmentos dos manuscritos escolares sua transcrição normativa.

Escutar o invisível

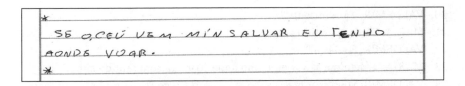

SE O CÉU VEM ME SALVAR
EU TENHO AONDE VOAR.

FIGURA 12 – Fragmento da primeira versão da terceira estrofe do poema de Valdemir e de Maria das Graças.

O diálogo[6] mostrará o "manuscrito oral" estabelecido durante o processo de escritura dessa estrofe.

Fragmento 1
1. MARIA (COMEÇANDO A DITAR A TERCEIRA ESTROFE): Se o céu vem me salvar...
2. VALDEMIR: ... eu vou voar...
3. MARIA: Eu tenho onde voar!
4. VALDEMIR: Se o céu... vem me salvar...
5. MARIA: ... eu tenho onde voar... se o mar vem me salvar...
6. VALDEMIR: eu vou me afo...
7. MARIA (FALANDO QUASE SIMULTANEAMENTE A VALDEMIR): me afogar...
8. VALDEMIR (COM ENTUSIASMO): bora fazer esse...
9. MARIA: Se... se o céu vem me salvar...
10. VALDEMIR: Não! Se o mar!
11. MARIA: Eita! Se o céu... primeiro...
12. VALDEMIR: E o "céu" é como?...
13. MARIA: Se o céu vem me salvar... eu tenho onde voar...
14. VALDEMIR: Aonde? "Voar" como? No aviãoo?!...
15. MARIA: "Voar"... livre... como um passarinho...
16. VALDEMIR: Criar asa?...
17. MARIA: É criar asas e voar... não só voa se tem asa...
18. VALDEMIR: Bora fazer logo o mar...
19. MARIA: Não! O céu...

---

6 Vale lembrar que foram mantidos os mesmos procedimentos usados no capítulo anterior para a transcrição da conversa entre os alunos.

20. VALDEMIR: Tá sem sentido...
21. MARIA: Tá com sentido sim...
22. VALDEMIR: Se o céu...
23. MARIA: ... vem me salvar eu tenho onde voar... tá com sentido sim...
24. VALDEMIR: Vou botar mai... acho que... se [**se o ceú**]... se o céu... vem [**vem**]...
25. MARIA: ... me salvar...
26. VALDEMIR (ESCREVENDO [**min salvar**]) ... eu [**eu**]... [**tenho**] (MUDANDO DE LINHA.)
27. MARIA: Tenho... onde voar.
28. VALDEMIR (ESCREVENDO [**aonde voar**]): voar... (ACRESCENTANDO UM PONTO FINAL APÓS [**voar.**] E O ASTERISCO NA LINHA DEBAIXO)
29. MARIA:... se o céu... vem... (CORRIGINDO-SE) se o mar...
30. VALDEMIR: Se o... (LENDO) se o céu vem me salvar...
31. MARIA e VALDEMIR (LENDO JUNTOS): ... eu tenho aonde... aonde voar...

Valdemir, responsável por grafar o que vai combinando com Maria, propôs "eu vou voar" (turno 2), ao continuar o verso "se o céu vem me salvar" enunciado por sua parceira. A pequena reformulação desse verso feita por ela no exclamativo turno 3 (*"eu tenho onde* voar!") resgata o paralelismo sintático da estrofe anterior "se a terra vem me salvar / *eu tenho onde* morar", já discutido no capítulo anterior. Logo em seguida, Valdemir, no turno 6 ("se o mar vem me salvar...") e Maria, turno 7 ("eu vou me afogar"), antecipam o que será a quarta e última estrofe do poema. Esse jogo de vozes entre Maria e Valdemir tem um lugar fundamental no processo de criação do poema. Há uma "bivocalidade" cujos enunciados se misturam e se enlaçam delineando um só verso, um único texto.

É por essa razão que posso dizer que o verso escrito é constituído no processo de co-enunciação em que os dizeres múltiplos se apagam. Nos turnos que vão se desfiando ao longo do processo interativo as vozes dos alunos se complementam, se confundem e, por vezes, buscam se diferenciar. O único texto que está sendo escrito tem como ingrediente particular de sua composição esse jogo de vozes que, em última instância, se fundem, eclipsando do funcionando desse processo de escritura em ato sua dimensão "bivocal".

As autonímias que se registram no poema escrito a duas vozes velam a opacidade do dizer, explicitando, em sua superfície, uma contenda entre Valdemir e Maria. Ele, ao dizer, no turno 8, "bora fazer esse", refere-se à estrofe "se o mar vem me salvar / eu vou me afogar" dito por eles precedentemente (turnos 5, 6 e 7). A referência à escrita dessa estrofe fica mais explicitada no turno 10, quando fala "não! Se o mar!", fortalecendo uma interpretação que atribuiria ao processo interacional o caráter negociável do sentido e das intenções comunicativas dos interlocutores. Principalmente se for observado que Maria diz: "Eita! Se o céu... primeiro..." (turno 11).

Todavia, o que se passa entre os turnos 12 a 17 embaralha a transparência do dizer e da intencionalidade dessa aparente negociação, mostrando as não-coincidências entre as palavras com elas mesmas e a disjunção do sujeito ao seu próprio dizer. Como se quisesse "defender" a presença de "mar" no lugar de "céu", que curiosamente havia sido aceito no turno 2 ao dizer "...eu vou voar", Valdemir interroga "... e o céu é como?" (turno 12). Explicar o retorno e a menção dessa palavra pela sua pontuação e a solicitação que segue a ela, como uma simples demanda de explicação ou descrição do "céu" exigida por Valdemir, não parece ajudar a entender a tentativa de delimitação dos sentidos do verso "se o céu vem me salvar / eu tenho onde voar". Esse retorno de "céu" e sua pergunta indiciam que a enunciação tem que ver menos com uma intenção em escrever os versos após a escrita dos versos "se o mar vem me salvar / eu vou me afogar" do que com as relações entre "céu" e "voar" e os sentidos que aí ganham. No contexto lingüístico em que esse enunciado ocorre, o "desacordo" entre eles se estende para outras direções que colocam em suspenso sua dimensão comunicacional.

O estranhamento de Valdemir continua no turno 14, agora com maior explicitação, porém substituindo "céu" por "voar" e reformulando sua objeção precedente. Ao enunciar "Aonde? 'Voar' como? No aviãoo?!" não se estaria sinalizando uma perplexidade diante dos sentidos que emanam do verso "se o céu vem me salvar / eu tenho onde voar"? O que estaria sendo questionado? O que essas "retomadas em eco" demandam?

Se aparentemente essas perguntas podem surgir como uma forma simplificada de argumentação e resistência contra a escrita do verso, tentando negociar a entrada do verso "se o mar vem me salvar / eu vou me afogar", a retomada interrogativa dos signos "céu" e "voar" camuflaria inquietações como "você está usando a palavra 'céu' em que sentido?", "você entende 'céu' como se fosse um 'lugar para voar'?", "o que você quer dizer com 'céu'?", ou ainda "você não acha que as palavras 'céu' e 'voar' ficam estranhas no verso 'se o céu vem me salvar / eu tenho onde voar'?".

Isso talvez fique mais claro ao se acompanhar a continuidade do diálogo. Maria, ao responder e explicar o termo "voar", confronta-se com sua dimensão semântica. Ela tenta contê-la dizendo: "'Voar'... livre... como um passarinho..." (turno 15). Essa metáfora restringe o uso de tal termo, mas, ao mesmo tempo, abre outras direções. Sua enunciação, ao retomar em eco esse signo do enunciado anterior de Valdemir, deixa latente um comentário reflexivo que indica o funcionamento da não-coincidência da palavra com ela mesma: "eu estou querendo dizer 'voar' no sentido de 'ser livre como um passarinho'.".

Uma das direções abertas pelo que disse Maria está na metonímia "passarinho → asas" estabelecida por Valdemir: "Criar asa?..." (turno 16). Porém, esse enunciado faz Maria produzir outros dois enunciados, cujo encadeamento parece fortalecer a metáfora do turno 15 e ampliar o sentido de "voar": "É... criar asas e voar... não só voa se tem asa..." (turno 17). Para Valdemir, pelo encadeamento "voar – passarinho – asas", há um sentido do termo "voar" que dificulta a fixação desse verso no poema.

É interessante observar como, de um lado, as perguntas de Valdemir tentam amarrar os sentidos dos termos "céu" e "voar" em certa direção, isto é, elas demandam uma descrição: "o 'céu' é como?", "'voar' aonde?", "'voar' como?", "'voar' de avião?", "criar asas para 'voar'?". Maria, ao responder à sua perplexidade e conter sua demanda, revela sentidos outros, produzindo, ainda que de forma pouco explícita, comentários sobre os sentidos desses termos nos versos propostos. A cada enunciação novos dizeres ameaçam a unidade do que já foi dito, como os turnos 15 e 17 deixam ver. É necessário que esse movimento seja contido, se ancore em algum ponto do dizer, fazendo uma figuração imaginária do sentido.

Ainda vale dizer que há uma espécie de alternância entre os incômodos do sentido que afetam esses *scriptores*. Na análise da segunda estrofe, feita durante o fragmento apresentado no capítulo precedente, é Maria quem resiste à entrada de palavras como "almoçar", "lanchar", "adubar".

A singularidade desse processo está tanto na escritura a "duas vozes" quanto no modo como se instaura a subjetivação desses alunos. Essa dimensão não pode ser reduzida às transparências comunicacionais de enunciados de Valdemir, nos quais ele prefere escrever primeiro um e depois outro verso: "... bora fazer esse..." (turno 8), "não! Se o mar!" (turno 10) e "bora fazer logo o mar!" (turno 18).

O problema é da ordem do sentido, da unidade do verso e do poema. Como indicam os comentários metaenunciativos "Tá sem sentido" (Valdemir – turno 20) ou "tá com sentido sim..." (Maria – turno 21), os enunciados anteriores trazem mais do que uma autonímia em que se pontua um signo do enunciado do outro, fazendo apenas menção do seu uso. Eles indicam que o verso "se o céu vem me salvar / eu tenho onde voar" traz um desencontro entre os sentidos que exala, deixando latentes, naqueles enunciados, formas de modalizações que tentam conter esses sentidos.

Isso é a fachada imaginária do dizer. A questão não é exatamente escrever este ou aquele verso, mas o modo como aí – e é preciso entender esse dêitico em referência a *toda* dimensão processual desse ato de escritura – o sentido se constitui e como as autonímias interferem no processo de criação, revelando a face opaca do dizer, sua não-coincidência consigo mesmo e com o dizer do outro. A reflexividade e a bivocalidade são fenômenos constitutivos desse processo interacional, uma vez que favorecem o aparecimento das autonímias e formas de modalização, traçando vielas, constituindo sentidos, tecendo a memória escritural do poema. Essa orquestração a duas vozes compõe uma partitura em que as notas deixam os tons de um percurso que o manuscrito escolar final não guarda como as pegadas sobre a areia de um deserto em ventania.

É isso que a análise do processo de escritura da última estrofe do poema permanecerá sustentando.

"'Quero'... 'vou'... 'acho'... 'posso'... que palavras feias!!!"

Na continuação do poema "Quem vem me salvar", Valdemir e Maria retomam os versos que já haviam enunciado nos turnos 5, 6 e 7 do fragmento anterior: "se o mar vem me salvar / eu vou me afogar" (Figura 13). Entretanto, o jogo co-enunciativo que se constitui logo após o término da escrita da terceira estrofe traz outra coloração para esse verso. Como o manuscrito escrito não permite supor nenhuma pista desse movimento, é preciso recorrer novamente ao valioso manuscrito oral.

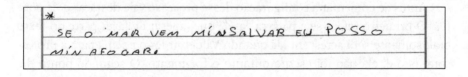

SE O MAR VEM ME SALVAR
EU POSSO ME AFOGAR.

FIGURA 13 – Fragmento do poema de Valdemir e Maria das Graças.

Fragmento 2

1. MARIA: Se o mar vem me salvar... eu quero me afogar... (DITANDO) se o mar...
2. VALDEMIR: Vem me salvar... eu acho que vou me a... me afogar...
3. MARIA (BRAVA.): "Eu acho" não! Eu quero me afogar...
4. VALDEMIR: E afo... afogar como? O cara vai querer porque quer, é?
5. MARIA: É sim...
6. VALDEMIR (CONTRARIADO): Rhumm...
7. MARIA: "Eu acho"... "acho"... fica feio...
8. VALDEMIR (ESCREVENDO.): Se[se]... o[o] ... mar[mar]... vem[vem]...
9. MARIA: me salvar... (VALDEMIR ESCREVENDO [min salvar])
10. VALDEMIR: eu posso até me afogar.
11. MARIA (RECUSANDO): Não.
12. VALDEMIR (VALDEMIR COMEÇANDO A ESCREVER): Eu[eu]...
13. MARIA (EM TOM DE AMEAÇA): Se você colocar, Valdemir...
14. VALDEMIR: ... tô botando já... eu... po[pos]...
15. MARIA (AINDA EM TOM DE AMEAÇA): Tá certo! Coloque...
16. VALDEMIR (PERGUNTANDO PARA MARIA): É com dois "S" "posso"? Posso[so] ... mim...
17. MARIA (RECLAMANDO): "Posso"... "posso"... coisa feia! ... é sim...
18. VALDEMIR (IMITANDO IRONICAMENTE):... é sim... (CONTINUANDO A ESCREVER): ... posso me...
19. MARIA (EM TOM DE REPROVAÇÃO): "Posso"! "Posso"!
20. VALDEMIR (ESCREVENDO NA LINHA DE BAIXO): Mee[min]... aaaa[a]... é junto, né? me afogar... "me a"... é junto, né?... me afogar. Me afogar é junto, né?
21. MARIA (MARCANDO NA ENTONAÇÃO A SEPARAÇÃO): ... me... afogar...
22. VALDEMIR: Me...
23. MARIA: ... afogar...
24. VALDEMIR (ESCREVENDO [fogar]): Pronto, né?

Antes de comentar a configuração desse processo vale destacar dois pontos. O primeiro refere-se à palavra "até", que, apesar de fazer parte do texto oral, somente será acrescentada quando Valdemir ler o poema para a professora, isto é, ela não foi escrita durante o fragmento. O segundo ponto diz respeito a uma mudança semântica importante que interfere no paralelismo sintático fixado nas duas estrofes anteriores. Nelas as construções são:

se a terra vem me salvar
eu tenho onde morar

se o céu vem me salvar
eu tenho onde voar

A presença de "mar" desde o início do processo de criação convoca metonimicamente o termo "afogar" dito pela primeira vez por Valdemir e Maria (turnos 6 e 7, respectivamente) do fragmento 1.

No fragmento 2, a articulação "mar/afogar" retorna, mas mantém apagada a estrutura "eu *tenho onde*" que havia sido escrita anteriormente, e também o termo "vou", dito por Valdemir em "eu *vou* me afogar" (fragmento 1 – turno 6). Agora, emerge o verso "eu *quero* me afogar" (fragmento 2, Maria – turno 1). A irrupção de "quero" na posição que ocupava "vou" detona uma ligação semântica com o signo "afogar" que ameaça, para Valdemir, a unidade do verso, fixada pela inter-relação entre "mar" e "afogar". É curioso observar como as relações associativas congelam o dizer.

Desenvolvendo um pouco mais essa assertiva, a associação entre "mar" e "afogar" apagam outros dizeres, produzindo o efeito de "única coisa possível de ser dita". Uma forma de concretude imaginária em que esses signos adquirem a consistência de uma pedra. Em nenhum momento foi proposta a mudança de "afogar" por termos como "nadar", "boiar" ou "navegar", que poderiam garantir também a unidade do poema tanto do ponto de vista paralelístico quanto do ponto de vista semântico:

• se o mar vem		me	salvar
• *eu*	*tenho onde*	me	*afogar*
• *eu*	*tenho onde*	Ø	*nadar*
• *eu*	*tenho onde*	Ø	*boiar*
• *eu*	*tenho onde*	Ø	*navegar*

Qualquer um desses três últimos termos, além de manter a rima com "salvar", a unidade semântica com o termo "mar" e preservar a estrutura "tenho onde", teriam a seu favor a constituição de um sentido que evitaria a idéia de "morrer" atrelada a "afogar" e ressaltaria o valor de "salvar" que os versos "eu tenho onde morar" e "eu tenho onde voar" preservam.

A dureza da articulação "mar/afogar" interfere na construção dessa quarta estrofe. O primeiro verso "se o mar vem me salvar" permite a repetição que estrutura tão fortemente esse gênero textual e que já está presente nos versos anteriores. No segundo verso da quarta estrofe, o pronome de primeira pessoa "eu" e o verbo reflexivo "afogar" exigem a presença de "me", que, ligado ao verbo transitivo direto pronominal "afogar", mantém o paralelismo sintático com o mesmo pronome do verso anterior ("se o mar vem *me* salvar"), outra força paralelística que não pode ser desconsiderada e que talvez esteja interferindo na fixação da estrofe.

Essas forças formam, no processo de criação do poema, "pontos de ancoragem" em que uns termos ganham maior imobilidade do que outros. Esses "pontos de ancoragem" identificam-se nas estruturas sintáticas, rítmicas e paralelísticas da configuração textual, assim como na coloração semântica dos termos que vão sendo ditos e congelando-se como possibilidades. É por essa razão que "eu *quero me afogar*", ao contrário de "eu *tenho onde morar*" e "eu *tenho onde voar*" – mesmo que possa haver alguma semelhança entre as formas "tEnhO" e "quErO" –, traz uma carga "negativa" para o sentido do verso, em que se escuta uma contradição semântica entre "me salvar" e "(quero) me afogar". É isso que faz Valdemir resistir a esse sentido que escapa do que diz Maria, iluminando a restrição da historicidade do dizer sobre o processo criativo e o modo como ela afeta o *scriptor*. Há uma pressão semântica que exige um contorno, um desvio, um ajuste, uma pequena pincelada no verso que estão tentando escrever para que não se produza, imaginariamente, essa quebra na unidade do poema.

A partir disso, o processo co-enunciativo e seu caráter bivocal, estabelecido nesses processos de escritura em ato, continuam indicando as pistas percorridas para chegar aos versos "se o mar vem me salvar / eu posso (até) me afogar" escritos, finalmente, no manuscrito escolar. Essas pistas revelam sujeitos e dizeres não-coincidentes entre si, ou, usando as palavras de Authier-Revuz (1998, p.22), indiciam a "não-coincidência interlocutiva" em que sujeitos e sentidos não se simetrizam, como mostrei no turno 2 em que o enunciado "eu *acho que vou* me afogar", proposto por Valdemir, tenta rasurar oralmente o enunciado proferido por Maria no turno 1, atenuando o sentido do verso "eu *quero* me afogar".

Entre Valdemir e Maria os imaginários se entrechocam. No turno 3, Maria resiste, discordando de Valdemir, ao dizer "'eu acho' não!". A retomada e negação da forma "eu acho" carregam o estranhamento do verso "eu acho que vou me afogar". Essa negação, e a reflexividade que a acompanha, repete a palavra do outro para dela diferir. Nessa forma autonímica do dizer de Maria há, elíptica[7] e abreviadamente, um funcionamento metaenunciativo formado pela dupla voz que concorre na constituição do verso e, mais amplamente, de todo o poema. Para explicitar esse funcionamento desenlaço a abreviação que

---

7 A esse respeito, ver também o trabalho de Figueira (2003).

a autonímia de Maria sintetizaria: "[eu *acho que* vou me afogar]. 'Eu acho' *não*. 'Acho' é uma palavra ('coisa') feia. O verso ficaria melhor assim: 'eu *quero* me afogar'". Ela, evidentemente, não fez esse comentário em que há uma precisa reflexão metalingüística, usando termos como "palavra" e "verso". Não obstante sua recusa, a marca entonacional e a divergência semântica que acompanha a autonímia anunciam a explicitação que acontecerá mais adiante.

É por essa razão que aproximo a autonímia que esses alunos produzem das formas metaenunciativas que Authier-Revuz classifica como "reações em eco" (Authier-Revuz, 1995, p.153), porém não em relação ao próprio dizer, mas ao dizer do outro, aqui funcionando em um processo co-enunciativo: "[X], X-não, Y". A forma de "reação em eco" produzida no dialogismo interlocutivo em que dois alunos escrevem um mesmo texto mostra a não-coincidência do não-Um "no nível do sentido, entre o que um 'quer dizer' ao dizer X e o que o outro compreende ao receber X" (Authier-Revuz, 1995, p.198-9). O problema não está exatamente nos sentidos dos termos "acho", "vou" ou "quero", mas na articulação com os outros signos da cadeia sintagmática, exigindo de Maria um ajustamento semântico no verso proposto.

Importa marcar, nessa configuração enunciativa, a dimensão da diferença que atravessa o dizer e o jogo interlocutivo visando o UM do sentido a ser partilhado e escrito. Assinalo que intervém, na interação, uma opacificação que se manifesta na própria materialidade dos termos, sendo ela uma problemática a ser colocada em causa pelos enunciadores. Nesse caso, a não-coincidência se manifesta tanto sob a forma do conflito discursivo entre os interlocutores quanto da subordinação do dizer de um ao dizer do outro, pelas sucessivas substituições, que minam a transparência do dizer e a ingênua concepção de "negociação" do sentido.

É nesse caminho que se pode ver o verso proposto por Valdemir e Maria, enunciado ainda no fragmento 1 – turnos 6 e 7 –, sofrer três transformações antes de obter sua forma final, escrita no manuscrito. As substituições sucessivas são:

- eu *vou*   me afogar (fragmento 1 – turnos 6 e 7)
- eu *quero*   me afogar (fragmento 2 – turno 1)
- eu *acho que vou*   me afogar (fragmento 2 – turno 2)
- eu *posso até*   me afogar (fragmento 2 – turno 10)

Essas substituições são conduzidas por mútuos estranhamentos e autonímias diversas. A primeira substituição e autonímia marca um estranhamento identificado no enunciado "'eu acho' não!" (Maria – turno 3). Essa autonímia é sucedida pela modalização "'eu acho'... 'acho'... *fica feio*..." (Maria – turno 7), no qual a aluna comenta o uso do sintagma verbal "eu acho", ou seja, ela faz uma apreciação desfavorável à sua entrada no poema.

Por que "quero" poderia ser escrito e "acho que vou" não? Por que Valdemir faz o caminho oposto? O que, exatamente, se constitui como unidade de sentido para as posições subjetivas que ocupam? Questões irrespondíveis, mas que plainam ao redor dessas vozes e desse manuscrito.

Valdemir, ao enunciar "E afo... 'afogar' como? O cara vai querer porque quer, é?" (turno 4), repete, em um primeiro momento, o mesmo tipo de pergunta já feita no fragmento 1, quando ele diz "voar como?". Aqui, como lá, não está em causa uma solicitação de descrição da ação de "afogar", como poderia ser se eles estivessem escrevendo uma história, mas sim uma tentativa de conter o sentido que emana da articulação entre "quero" e "afogar" no verso "eu *quero* me *afogar*". A pergunta seguinte que Valdemir faz vai bem precisamente nessa direção, quando ele explicita que "alguém/'o cara' não pode 'querer porque quer' se afogar".

Seu estranhamento, acompanhado de uma "reação em eco", promove duas autonímias. Na primeira, o termo "afogar" é retomado caracterizando uma volta sobre o sentido. Ao perguntar "'afogar' como?" há, subjacente a sua enunciação, uma demanda pelo sentido que escapa da relação entre "querer" e "afogar". Para ele, parece ser necessário definir em que sentido se está usando essa palavra. A segunda demanda de Valdemir não incide mais sobre "afogar", mas sim sobre o termo "quero", que retorna e se desdobra por uma construção quase tautológica provocada, principalmente, por seus atributos semânticos. Sua enunciação "o cara vai querer porque quer, é?" não coloca em discordância o sentido de "(me) afogar" em sua função de objeto direto, mas o que o precede, como se houvesse uma incongruência entre este e o sintagma "eu quero". O que Valdemir diz volta a apontar para uma direção do sentido semelhantemente ao que questiona em "e o 'céu' é como?" (fragmento 1, turno 12) e "'voar' como?" (fragmento 1, turno 14), apontando para uma certa literalidade do verso, minimizando seu efeito metafórico (entendido aqui como figura de linguagem) e, ao mesmo tempo, atribuindo ao eu poético uma intencionalidade incompatível com o sentido de "morrer", camuflado em "afogar".

Seu retorno sobre "quero" tenta conter a emanação desses sentidos, comentando justamente a extensão de "quero / querer" ao apresentar em sua predicação a impossibilidade de alguém "querer se afogar".

Nessas autonímias, as formas metaenunciativas em que se tem o uso dos signos "afogar" e "quero" identificam-se a uma auto-identificação da enunciação ocorrida no processo interlocutivo. Não se pode dizer que nessas reformulações feitas por Valdemir e Maria há modalizações autonímicas, mas as autonímias guardam, virtualmente, o efeito de glosas que, se exteriorizadas artificialmente, podem revelar sua dimensão modalizadora. Dito de outro modo, Valdemir não diz "você quer dizer 'afogar' em que sentido?", nem "você falou 'eu quero me afogar', mas a palavra 'quero' me parece muito forte", muito menos, "o verso 'eu quero me afogar', para mim, é incoerente". Quem explicita as glosas, nesse caso, é o pesquisador, mas o estranhamento de Valdemir, sua entonação e o contexto lingüístico em que elas operam autorizariam a considerar que tais estruturas morfossintáticas estão potencialmente presentes em sua enunciação.

É por esses caminhos que, no turno 10, Valdemir enuncia o verso definitivo e último desse poema: "eu posso até me afogar". Nesse verso encontra-se, nos termos "posso" e "até", uma dupla atenuação do forte sentido que emana de "afogar" e sua relação com "mar", "salvar" e "eu quero". Apesar de Valdemir imaginariamente assegurar uma unidade para o verso, sua fixação confirma não só a quebra com o paralelismo morfossintático que os versos anteriores preservavam (*"eu tenho onde morar"* e *"eu tenho onde voar"*), mas também certa ruptura com a direção do poema, uma vez que "afogar" carrega um valor negativo, que se diferencia dos valores que "morar" e "voar" aí adquirem, além de manter uma relação de oposição semântica com o termo "salvar", responsável pela rima com o verso que o antecede.

Essa modificação feita por ele continua sendo recusada por Maria (turno 11), agora dizendo "'Posso'... 'posso'... *coisa feia!*". Essa retomada e a modalização em potencial que se segue, assim como a anterior que ela havia enunciado ("'Eu acho'... 'acho'... fica feio..."), trazem em si um comentário reflexivo, como se ela estivesse querendo dizer: "X, X, que palavra feia" ou "X, X, não é uma boa palavra" ou ainda "eu não gosto da palavra 'posso'. Eu não entendo como você pode escrevê-la neste verso".

Se sua primeira autonímia e seqüente modalização ("'eu acho'... 'acho'... fica feio") subordinam a expressão *acho que vou* (Valdemir, turno 2), a segunda ("'Posso'... 'posso'... coisa feia!") é desconsiderada e não interfere na criação do verso final, único registro preservado no manuscrito escolar. A visibilidade que a análise dá ao manuscrito oral e a memória da escritura ajudam a iluminar parte da relação entre sujeito, língua e sentido que o manuscrito escolar eclipsa.

Rasuras orais como marcas de (dis)junção do dizer

Nesse processo de escritura em ato colocam-se em cena possibilidades de outros dizeres, de outras formas de dizer por meio de um movimento retroativo do *scriptor* sobre a própria linguagem, sobre o próprio dizer ou, ainda, sobre o dizer de seu interlocutor. A rasura, tanto oral quanto escrita, indicia que o sujeito, em algum momento do processo de escritura, interrompeu o percurso para voltar-se sobre aquilo que foi dito ou escrito, para anular, substituir, deslocar, acrescentar, dizer de outro modo algo que já havia falado ou escrito.

É a partir das não-coincidências interlocutivas entre Valdemir e Maria que pude analisar as rasuras orais e seu estatuto no seio do processo de criação de um poema. No plano metodológico, a análise repousa sobre a comparação entre as rasuras orais ocorridas até o momento em que escrevem o texto final. No plano teórico, defendo que essas rasuras orais revelam, na base de seu funcionamento, o fenômeno enunciativo próprio das autonímias e das modalizações autonímicas, cujo desvendamento permite iluminar o percurso do processo de criação de um poema em contexto escolar e dos sentidos que entram aí em jogo.

A substituição de um termo por outro, explicitada nesse processo, lembra os movimentos próprios dos manuscritos literários analisados pelos pesquisadores da Crítica Genética (Grésillon, 1994), cujos dossiês genéticos apresentam uma grande heterogeneidade de rasuras realizadas durante o processo escritural.

Aqui, apesar das poucas rasuras escritas sobre o manuscrito, o que chama a atenção são as rasuras orais e as sucessivas substituições operadas no eixo metafórico com relação aos termos e expressões "quero", "acho que vou" e "posso até", bem como as glosas enunciadas por Maria nos turnos 3 e 7 em que se observa o fenômeno da modalização autonímica. Esses movimentos no processo de escritura em ato, considerado como uma espécie de "manuscrito oral", apontam para as não-coincidências do dizer, para os modos de subjetivação e para a singularidade dos sujeitos que interagem e escrevem um mesmo texto.

As rasuras orais colocam em evidência os efeitos da própria linguagem sobre esses sujeitos. Poderia dizer que, imaginariamente, os versos "eu tenho onde voar" (fragmento 1 – turno 3) e "eu quero me afogar" (fragmento 2 – turno 1), ambos propostos por Maria, trazem colorações diversas para Valdemir que se espalham por todo o processo de escritura, contaminando os sentidos aí mobilizados. Quando ele diz "Aonde? 'Voar' como? No avião?!... ... Criar asa?... ... Tá sem sentido... " (fragmento 1 – turnos 14, 16 e 20) e, um pouco mais tarde, "'afogar' como? O cara vai querer porque quer, é?" (fragmento 2, turno 4), há desencontros semânticos em que as palavras, ao voltarem-se sobre si mesmas, exploram e explodem em suas faltas.

Ainda que não haja uma explicitação mais complexa nos dizeres desses alunos ao comentarem os sentidos dos versos criados, ficando suas glosas restritas às expressões como "tá sem sentido" ou ao termo genérico e pouco preciso de "coisa" ("posso, posso... coisa feia"), suas autonímias e modalizações autonímicas mostram a dinâmica do processo de escritura em ato a duas vozes. As resistências que se produziram revelam a face imaginária do sentido em que se busca o Um do texto, em que se impõem formas mais estabilizadas do dizer. É desse lugar que se fala em "negociação" de sentidos no processo de escritura a duas vozes (Plane, 2001), mas, como tentei mostrar, essa negociação esconde uma dupla impossibilidade constitutiva de todo dizer, a saber, impossibilidade de o sujeito coincidir consigo mesmo e com seu próprio dizer.

Aqui, a "negociação" toma o sentido dado pela teoria enunciativa sustentada por Authier-Revuz:

> se o *fato* da não coincidência é estrutural, ... na *teoria*, qualquer abordagem dependente de um UM da comunicação, não menos estrutural, é, *para o sujeito falante*, o necessário desconhecimento que ele tem desse fato, condição – a de um imaginário de coincidência interlocutiva – para que um discurso possa ser produzido "ao abrigo" do sentimento permanente do distanciamento, da falha que o atravessa. (Authier-Revuz, 2004, p.87-8)

Assim, no processo interlocutivo em tela, procurei mostrar a forte presença do Imaginário, exercendo uma força de coesão, buscando assegurar o Um da comunicação, a unidade do dizer, reencaminhando aquilo que está sendo escrito para fazer novos sentidos em outros lugares. Esse imaginário de uma co-enunciação, caracterizada também como uma enunciação "bivocal", por mais calculada e intencional que possa ser, é fundamentalmente marcada pelo não-um, em que se inscrevem dois sujeitos radicalmente não-simetrizáveis.

É dessa forma que posso marcar tal lugar de disjunção entre Maria e Valdemir, disjunção expressa por Maria nos turnos 13 e 15 do fragmento 2, ao enunciar em tom de ameaça "Se você colocar, Valdemir... " e "Tá certo! Coloque...", em que ela, recusando associar-se às palavras de Valdemir, as devolve como dependentes do querer dele, distinto do seu próprio (Authier-Revuz, 2004, p.97), mas que, de certa forma, guarda, inversamente, uma concordância reflexiva do tipo "se quiser, então, podemos dizer 'eu posso me afogar'", soando como uma "tentativa de restaurar um UM de co-enunciação lá onde ele parece ameaçado" (Authier-Revuz, 1998, p.193), fato que só vem intensificar as (dis)junções do dizer.

4
Movimentos de autoria na poesia

Mas basta escutar a poesia,
o que sem dúvida aconteceu com F. de Saussure,
para que nela se faça ouvir uma polifonia
e para que todo discurso
revele alinhar-se nas diversas
pautas de uma partitura.

(Jacques Lacan)

A rasura oral e o processo enunciativo estabelecido entre os alunos que escrevem um poema podem contribuir significativamente para a reflexão sobre a noção de autoria. O *scriptor* mergulhado nas veredas da escritura em ato, suas relações singulares com a língua e o texto, a heterogeneidade das forças que incidem sobre essas relações, o modo como elas se articulam no funcionamento lingüístico-discursivo, tudo isso exige que se tente articular mais claramente o estatuto da autoria em sua relação com o processo de criação.

Autoria e Análise do Discurso[1]

A discussão em torno da noção de "autoria" está presente em alguns estudos em Análise do Discurso (AD) desenvolvidos no Brasil, que, apesar

---

1 A discussão em torno da noção de autoria realizada por pesquisadores em Análise do Discurso no Brasil, que tem em Foucault (1992) seu lugar de referência, é ampla e produtiva e, por isso mesmo, controversa e divergente. Não seria, portanto, adequado retomá-la ou

de seus diferentes enfoques teóricos,[2] reinterpretam a noção de autoria a partir do texto "O que é um autor?", palestra proferida por Michel Foucault. Apresentarei sucintamente os contornos dessa noção nesse campo de estudo para poder deles diferenciar a interpretação que desenvolverei adiante.

Em Foucault a noção de "autoria" está fortemente relacionada à obra que funda uma discursidade entendida como "a possibilidade e a regra de produção de outros textos" (1992, p.58), mas também à historicidade, na medida em que os discursos se constituem diversamente em diferentes contextos históricos e condições de produção. Assim, fundado nessa noção, somente poderiam se considerar como dignos de autoria os "fundadores de discursividade" como Freud ou Marx, na medida em que estabeleceram "uma possibilidade indefinida de discursos".

Essa noção que tem um interesse específico para questões ligadas à obra e à discursividade nada diz a respeito da autoria em textos que não se reúnem em uma obra, nem fundam qualquer discursividade, a exemplo dos textos escritos por escolares. Ponto de vista partilhado tanto por Possenti (2002) quanto por Orlandi (1988).

Entretanto, assumindo que a avaliação de um texto somente pode ser feita de um ponto de vista discursivo, Possenti (2001a, 2002) compartilha com Foucault que "o autor é de alguma forma construído a partir de um conjunto de textos ligados a seu nome, considerando um conjunto de critérios, dentre eles sua responsabilidade sobre o que põe a circular, um certo projeto que se extrai da obra e que se atribui ao autor" (2002, p.108), e afirma que "a qualidade do texto passa necessariamente pela questão da subjetividade e de sua conseqüente inserção num quadro histórico – ou seja, num discurso – que lhe dê sentido" (ibidem, p.109). Daí ele tentar articular os indícios de autoria à "singularidade" e à "tomada de posição" dentro de um quadro teórico em que o "sujeito sempre enuncia a partir de posições historicamente dadas num aparelho discursivo institucionalizado e prévio" (ibidem, p.110).

---

explicitá-la detalhadamente na análise que aqui apresento. Tomo apenas alguns pontos que ajudam a refletir sobre essa noção em face do material de análise em questão.

2 Como pode ser facilmente constatado, há duas vertentes bastante distintas sobre a noção de "autoria" nos estudos situados nesse campo de conhecimento. De um lado, Orlandi (1988, 1996) apresenta uma profícua leitura dos trabalhos de Pêcheux (1988, 1990), enquanto Possenti (2001a, 2001b, 2002) a desenvolve a partir das reflexões bakthinianas (Bakthin, 1970, 1992). Adiante irei expor brevemente a interpretação efetivada por Possenti, contudo, neste momento, minha interlocução privilegia os estudos de Orlandi, apesar de aí estabelecer uma diferença.

Escutar o invisível

Para ele, tornar-se "autor" estaria relacionado às atitudes, intencionais ou não, de "dar voz a outros enunciadores", "incorporar ao texto discursos correntes", "manter distância em relação ao próprio texto" e "evitar a mesmice". As "atitudes", os "recursos" e as "estratégias" daquele que escreve iriam garantir a singularidade e a tomada de posição, dando ao texto um caráter mais ou menos autoral, ou, nas palavras do autor, elas permitiriam "distinguir textos *com* de textos *sem* autoria" (ibidem, p.110). Para ele, a autoria, ou seus indícios nos textos, funciona através do "como" o sujeito que escreve dá voz aos outros, variando os recursos da língua "segundo posições enunciativas, segundo a natureza do discurso" (ibidem, p.123).

Suas reflexões, mesmo procurando valorizar o caráter processual, singular e indiciário (Ginzburg, 1989) da relação entre sujeito e texto, colocam o escrevente em uma posição hierárquica na qual o grau de distanciamento do texto refletiria sua capacidade de ser mais ou menos autor na medida em que trabalharia uma série de recursos da língua.

Os processos de escritura em ato, visualizados pelos procedimentos metodológicos adotados nas práticas de textualização[3] na escola, e as análises que tenho desenvolvido (Calil, 1997, 2003, 2004) apontam, se não para outra direção, pelo menos para outra forma de relação entre sujeito, língua e sentido, na qual o *scriptor* envolvido nesse processo seria efeito do funcionamento lingüístico-discursivo.

Outra teorização da noção de "autoria" que parte da reflexão foucaultiana encontra-se nos trabalhos de Orlandi (1996, 1999), cuja perspectiva teórica filia-se ao campo do discurso fundado por Pêcheux (1988, 1990). Para bem delimitá-la é preciso expor, previamente, algumas das configurações conceituais em que se insere.

A "interpretação", ou melhor, o "gesto da interpretação" é uma dessas configurações. Constituído no espaço simbólico da materialidade discursiva, o gesto de interpretação define-se pela relação entre o silêncio e a incompletude do sujeito e do sentido. Para a AD, essa noção é fundante dos processos discursivos, pois "não há sentido sem interpretação", tornando-se uma relação necessária, nem sempre consciente, entre o sujeito e o mundo. Essa

---

3 A noção de prática de textualização envolve toda a proposta efetivada pelo professor, desde sua preparação junto aos alunos, sua forma de encaminhamento, suas interferências e seu fechamento, quando os alunos podem ler o texto que escreveram ou simplesmente quando termina o tempo da aula. O processo de escritura em ato é, precisamente, o momento em que os alunos estão escrevendo durante a prática de textualização.

relação se constrói, para o sujeito que fala, através de "sítios de significação" (Orlandi, 1996, p.64). O gesto de interpretação dá-se no espaço da ideologia, em que se constituem as direções do sentido, e, ao mesmo tempo, o "espaço do possível, da falha, do efeito metafórico, do equívoco, em suma: do trabalho da história e do significante, em outras palavras, do trabalho do sujeito" (ibidem, p.22).

Na produção de sentidos, os pontos de deriva de todo enunciado, sua plasticidade, que lhe confere o poder de sempre tornar-se outro, traz, no gesto de interpretação, aquilo que Orlandi considera a manifestação do inconsciente e da ideologia.

Também é nesse lugar, marcado pela noção de "interpretação", que se insere a noção de "autoria" ou, mais especificamente, a "função discursiva autor" através da qual o "'eu' assume como produtor de linguagem, produtor de texto" (Orlandi, 1999, p.77). É nessa dimensão que se constitui uma relação imaginária entre esse lugar de produtor de linguagem e o texto, determinada pelas exigências de coerência, de não-contradição, responsabilidade, clareza, progressão, duração, unidade, fim, etc. O autor ocupa o lugar da representação dessa unidade duplamente determinada pela posição discursiva que ocupa e pelo texto que se insere em certas condições de produção. Ou seja, não é possível dizer coisas que não tenham sentido, pois "o sujeito tem de inserir seu dizer no repetível (interdiscurso, memória discursiva) para que seja interpretável" (Orlandi, 1996, p.48). É essa demanda que a autora define como "injunção à interpretação", pois em face de um objeto do mundo é preciso interpretar; o que garantiria no discurso a manutenção da "função-autor".

Essa face imaginária da assunção da autoria abarca uma forma de relação entre sujeito e texto fortemente determinada pela exterioridade do dizer, pelo contexto histórico-social que valida esse lugar na relação com as regras das instituições e os procedimentos disciplinares (Orlandi, 1999, p.75). Daí Orlandi defender que a função-autor sofre as pressões desse contexto, que estabelece os limites da interpretação do que faz unidade, isto é, nas palavras da autora, "o autor é o lugar em que se realiza esse projeto totalizante, o lugar em que se constrói a unidade do sujeito. Como o lugar da unidade é o texto, o sujeito se constitui como autor ao constituir o texto em sua unidade, com sua coerência e completude. Coerência e completude imaginárias" (ibidem, p.73).

A "função-autor" e sua dependência à exterioridade do dizer trazem algumas questões para a noção de "criatividade", pois, se de um lado há um

Escutar o invisível

sujeito que ocupa um lugar determinado sócio-historicamente, de outro, na criação, há um sujeito que rompe as amarras desse elo imaginário, subvertendo ou produzindo textos que escapam a tais determinações. Para dar conta disso, Orlandi afirma que a criatividade "implica a ruptura do processo de produção da linguagem, pelo deslocamento das regras, fazendo intervir o diferente, produzindo movimentos que afetam os sujeitos e os sentidos na sua relação com a história e com a língua. Irrompem assim sentidos diferentes" (ibidem, p.37). Desse modo, continua a autora, "para haver criatividade é preciso um trabalho que ponha em conflito o já produzido e *o que vai-se instituir*. Passagem do irrealizado ao possível, do não-sentido ao sentido" (ibidem, p.38). A princípio, a criação trabalha no paradoxo entre o reconhecimento socialmente dado, que se institui dentro do aparato discursivo do processo sócio-histórico em que se insere, e aquilo que produzirá novos sentidos, aquilo em que há diferença com o já atestado. Essa relação conflituosa traz, necessariamente, uma dimensão singular e subjetiva da relação entre sujeito e sentido, em que a ordem significante parece guardar um papel crucial.

Essa dimensão da "função-autor" difere bastante daquela proposta por Possenti, na medida em que abre a possibilidade de se considerar uma dinâmica regida não pelo trabalho do sujeito e sua relação com a historicidade do dizer, mas pela ordem significante. Da perspectiva lingüístico-discursiva adotada aqui, essa noção precisaria ser estendida para se discutir a criação nos processos de escritura em ato e a possibilidade constitutiva do não-idêntico, isto é, do "equívoco e tudo que o promove, homofonia, homossemia, homografia, tudo o que suporta o duplo sentido e o dizer em meias-palavras, incessante tecido de nossas conversações" (Milner, 1987, p.13).

A "autoria" seria então considerada não como uma "função" que visa garantir o projeto totalizante, o lugar em que se constrói a unidade do sujeito, mas como um "movimento" que reflete a tensão entre aquilo que se estabelece como previsível e atestado na ordem da língua e do discurso e aquilo que provoca a ruptura das amarras imaginárias dessa estabilização, pelo modo como o "equívoco" faz furo aí, e da "escuta" do *scriptor* daquilo que faz diferença na escritura do texto. A "autoria" como movimento poderia assim abarcar essa relação singular entre o sujeito e o texto que escreve e, ao mesmo tempo, a pressão determinada duplamente pelo processo sócio-histórico e pelo real da língua. É preciso então balizar o movimento de autoria dentro dessa perspectiva teórica.

O movimento de autoria e suas bordas teóricas[4]

Sobre a cadeia significante e seus mecanismos

O "equívoco", constitutivo de toda língua, é o lugar consagrado ao registro da *alíngua*.[5] Desse modo, se a língua suporta (sustenta e sofre os efeitos de) a alíngua, isso equivale a dizer que "a língua suporta o real da alíngua" (Milner, 1987, p.19).

O equívoco é, então, o que embaralha os estratos e faz com que um enunciado possa ser ao mesmo tempo ele mesmo e um outro. Sendo a língua não um sistema de unidades, mas um sistema de relações regido pela pura diferença que a torna única e regular, mas não homogênea, conforme defende Saussure (1989) ao formular a "teoria do valor". Entendê-la como "pura diferença" faz dela uma estrutura constituída por pontos de falta irremediáveis, o que a torna um meio singular de produzir equívocos, pois "sempre um de seus elementos é de tal ordem que ele não pode ser colocado sem revelar-se incomensurável a todos os outros" (ibidem, p.12).

Para entender melhor essa noção de equívoco e os movimentos de autoria é preciso avançar no esclarecimento desse sistema de relações. A linearidade, irregularidade e minuciosidade das relações entre os elementos da cadeia sintagmática são aspectos cruciais do funcionamento da língua que se combinam em uma propriedade global nomeada por Milner como "denteada" (Milner, 1989, p.659). Imagina-se então uma correia que, embora apresente uma série de "anéis", "argolas" ou "elos" que se interliguem e se articulem, deixa ver um espaço, uma lacuna, um buraco entre cada um deles, permitindo a emergência de relações assimétricas. Assim, ao mesmo tempo em que a metáfora da língua como uma "correia denteada" deixa ver

---

4 Agradeço à Cristina Felipeto pela sua valiosa contribuição na escritura deste quadro teórico, cuja articulação inicial está publicada em seu artigo "Erro imprevisível: possibilidades esquecidas da língua" (Felipeto, 2007).

5 Lacan (1985, p.180) forja o termo "alíngua" (Lalangue) para nomear o não-todo, o que resiste a ser apreendido em uma totalidade e afirma que "o que se sabe fazer com alíngua ultrapassa de muito o que podemos dar conta a título de linguagem ... uma linguagem sempre hipotética com relação ao que a sustenta, isto é, a língua". Maria Teresa Lemos (2002, p.39) aponta, na alíngua, "a amarração fundamental entre desejo e língua, sujeito e significante". Já Milner afirma que alíngua é o que de fato se fala, e é "aquilo pelo qual, de um único e mesmo movimento, existe língua (ou seres qualificáveis de falantes, o que dá no mesmo) e existe inconsciente" (1987, p.18).

Escutar o invisível

sua propriedade de encadeamento dos termos dispostos em uma relação sintagmática (metonímica), ela quebra com o seu semblante homogêneo, pois o espaço entre cada um dos dentes traz à cena a relação paradigmática (metafórica), na qual os termos que permanecem *in absentia* podem interferir na estabilidade da cadeia.

Como testemunha Milner,

> não apenas a linguagem é um objeto suscetível de metáfora e metonímia, mas ela é suscetível apenas disso. Por quê? Porque de fato a metáfora e a metonímia são as únicas leis de composição interna que são possíveis aí onde apenas as relações sintagmáticas e paradigmáticas são possíveis. ... Trata-se certamente de composição interna: todo o ponto das figuras sendo, em Jakobson, composto por dois elementos da língua – por similaridade ou por contigüidade – produz-se aí um terceiro. (ibidem, p.390)

A metonímia revela a conexão *significante a significante*. Trata-se do encadeamento de entidades sucessivas, relações essas que se dão *in praesentia* e é onde o homem encontra o poder de esquivar-se dos obstáculos da censura social, onde o desejo aí investe, encontra seu ponto de expansão. Como deslize e deriva, ela não é uma figura que "salva" o sentido. Ao contrário, teima em não se significar. "Meio mais adequado do inconsciente para despistar a censura" (Lacan, 1998, p.515), a metonímia inverte os valores, transveste o sentido, torna obscuro, no nível manifesto, o que era significante no nível latente.

A metáfora, por sua vez, implica a substituição de um termo por outro, substituições que são operadas por similaridade fonética, semântica ou sintática. Uma multiplicidade de cadeias concorrendo para habitar o mesmo espaço. A cadeia manifesta, isto é, aquilo efetivamente enunciado dito ou escrito atua como "representante" das cadeias que se encontram em nível latente (cadeia latente), como se as encerrasse, as condensasse.

Esses mecanismos metafórico e metonímico compõem a cadeia significante, na medida em que, por um lado, a metonímia implica um encadeamento por contigüidade, produzindo como efeito a ressignificação do que vem antes e a simultânea restrição e ampliação do que virá depois. Já a metáfora implica o enlaçamento e a agregação por similaridade, cujo efeito é a substituição de uma cadeia por outra. Essas relações descrevem, portanto, o duplo movimento da cadeia significante. Daí entender a fundamental noção de cadeia significante e sua amarração a esses mecanismos:

Não há organização de significantes senão em cadeia. Daí, enfim, a metáfora e a metonímia: sobre uma cadeia significante, estas duas relações e elas somente podem ser definidas; reciprocamente, uma cadeia significante é um conjunto sobre o qual se pode definir as relações de metáfora e de metonímia, e elas somente. (Milner, 2002, p.144)

Assim como a metáfora da "correia denteada", a metáfora lacaniana do colar serve para ilustrar bem esse movimento de significantes por onde se produz o efeito de significação: "anéis formando um colar que se enlaça no anel de um outro colar feito de anéis" (Lacan, 1998, p.515).

Acontece que, por essa abertura paradigmática, dois significantes podem ainda se chocar na mesma posição, produzindo uma "palavra-valise", ou um engavetamento, ou ainda um amálgama de significantes. Desse cruzamento de dois ou mais significantes, um outro movimento se desenha, produzindo um terceiro elemento. Esse terceiro é o que faz com que uma língua seja incomparável a qualquer outra, atestando suas particularidades.

O equívoco abarca, então, tanto o um a mais de sentido ("... uma locução, trabalhada pelo equívoco, é ao mesmo tempo ela mesma e uma outra" – Milner, 1987, p.13) quanto aquilo que pode não apresentar sentido algum, pois "o equívoco se resolve em um fantasma nascido da conjunção indevida de vários estratos: ele explode em univocidades combinadas" (ibidem, p.13).

O *scriptor* estaria submetido ao jogo tenso entre a manutenção da unidade do texto e sua ruptura; o que supõe que essa tensão pode interferir tanto em relação à criação de novos sentidos quanto em relação à quebra de sentido sem possibilidade de "re-significação", como em enunciados que apresentam rupturas da cadeia sintagmática. O movimento de autoria teria aqui duas propriedades fundamentais: a primeira relacionada à necessidade de haver uma escuta do *scriptor* que pode tanto reconhecer a semelhança (a unidade) quanto a diferença (ruptura); a segunda propriedade, suposta na primeira, é sua condição intermitente, a saber, não se escuta o tempo todo.

Aqui encontro um ponto de aproximação à hipótese de que, para se fazer texto, é preciso que o sujeito dê consistência a uma "série simbólica, deixando silenciado, na sombra da significação o efeito de indizível constitutivo de todo dizer" (M. T. Lemos, 2002, p.42). A meu ver, essa consistência dependeria não apenas da historicidade do dizer, conforme propõe Orlandi, mas também do modo como se articulam as posições subjetivas do *scriptor* e do modo como a materialidade significante se inscreve nas cadeias manifestas ao longo do processo escritural.

Escutar o invisível

Se, de um lado, o dispositivo teórico da AD permite descentrar a autonomia daquele que escreve na relação com seu texto, interpretando-a a partir de um registro imaginário em que se estabelece a homogeneidade lógica do dizer e a estabilidade dos sentidos, de outro ele abre espaço para refletir sobre sua dimensão imaginária e sua relação com a criação, com o imprevisível, com a ruptura do estabilizado. Desse modo, pode-se ter como ponto de apoio no tratamento do processo de escritura em ato e na criação de um texto, simultaneamente, dois movimentos que, aparentemente, se opõem, a saber, um *efeito de unidade* produzido pela articulação entre o *scriptor* e o texto que está sendo escrito e um *efeito de ruptura* que aí interfere, sendo mobilizado pela ordem significante, pelo real da língua, pela *alíngua*. Esses efeitos estão submetidos ao funcionamento lingüístico-discursivo que fundam a validação ou não do texto no contexto sócio-histórico em que se produz e na posição subjetiva daquele que escreve.

Sobre o sujeito e suas posições no funcionamento lingüístico-discursivo

O movimento de autoria reconhecido nessa tensão é entendido a partir do estatuto estrutural da relação entre sujeito, língua e sentido. Isso quer dizer que essas instâncias se entrelaçam a partir de uma estruturação fundamental, a saber: o *outro*, como representante do funcionamento lingüístico-discursivo; a *língua*, que se manifesta pelos processos metafóricos e metonímicos; e, finalmente, o *sujeito* aí inscrito, sujeito aos movimentos previsíveis e imprevisíveis mobilizados por esse funcionamento, conforme elaborado por Cláudia T. Lemos (1992, 1996, 2000b, 2002).

Lemos recorre à psicanálise lacaniana, sobretudo à releitura que Lacan fez de Freud, por encontrar no discurso psicanalítico a ponte que daria acesso ao sujeito e ao simbólico. A elaboração de Lacan da noção de significante, que implica a de cadeia significante, "não só permite definir a inserção do sujeito na língua pela sua emergência nessa cadeia, como faz da sintaxe das línguas naturais uma manifestação primordial do funcionamento simbólico" (C. T. Lemos, 1999, p.8).

A teoria psicanalítica permitiu, entre outras coisas, abordar tanto a relação da criança com a língua e com o outro que a significa como falante, quanto elaborar uma proposta através da qual se pudesse explicitar e compreender as mudanças na fala da criança conseqüentes à sua *captura* pelo funcionamento da língua, pela sua ordem simbólica, evitando assim uma interpretação em que se atribuiria à língua um movimento autônomo sem que aí o sujeito mostrasse sua face.

A língua, nessa perspectiva teórica, possui autonomia e alteridade radical que exercem função de captura de processos de subjetivação. Nas palavras de C. T. Lemos:

> considerada sua anterioridade lógica relativamente ao sujeito, o precede e, considerada em seu funcionamento simbólico, poder-se-ia inverter a relação sujeito-objeto, conceber a criança como capturada por um funcionamento lingüístico-discursivo que não só a significa como lhe permite significar outra coisa, para além do que a significou. (2002, p.55)

A anterioridade lógica da linguagem em relação ao sujeito atesta quanto ele não tem como escapar aos seus efeitos, sendo capturado pelo seu funcionamento. Esse sujeito (e)feito de linguagem faz parte de uma estrutura em que compareçem tanto o outro quanto a língua e o sentido. Sendo essas instâncias reconhecidas efetivamente no diálogo adulto-criança, a autora propõe que as mudanças que qualificam a passagem da criança de não-falante a falante articulam-se em três posições subjetivas em relação à fala do outro, à língua e à sua própria fala. Essas mudanças, que se deixam apreender pelos mecanismos metafóricos e metonímicos, são, por isso mesmo, de ordem estrutural e se dão devido à inserção da criança no Simbólico.

A principal marca das três posições é a inseparabilidade de sua relação triádica, isto é, a concepção de estrutura que a ela subjaz comporta tanto um sujeito efeito de linguagem, o outro como representante do funcionamento lingüístico-discursivo e a língua em seu funcionamento. É relevante dizer que não há nada aí que justifique uma suposta linearidade, ou seja, um possível desenvolvimento, pois que elas se imbricam, se enlaçam, se superpõem, não havendo superação de uma posição por outra, mas sim dominância, ora de uma, ora de outra.

Na primeira posição, em que o pólo dominante é o outro, o que chama a atenção é o retorno na fala da criança dos enunciados da mãe, o que assinala sua alienação parcial à fala do outro. Cumpre ressaltar que nessa posição os movimentos são predominantemente metonímicos, cuja contenção da deriva fica por conta do outro, quando tenta colocar a opacidade dos enunciados da criança em uma estrutura lexical, sintática, morfológica e semântica, mostrando, na verdade, a não-coincidência entre a fala da mãe e a fala da criança (ibidem, p.58).

Escutar o invisível

O que permitiria alguma visibilidade à segunda posição é o aparecimento de erros na fala da criança, assim como a substituição de um termo por outro operado na manifestação de seqüências paralelísticas. Nessa posição, em que o sujeito está alienado ao funcionamento da língua, não há escuta. Esse movimento mostra os processos metafóricos e metonímicos como constitutivos do funcionamento da língua e um sujeito sob o seu efeito. A língua é o pólo dominante da segunda posição, em que há uma projeção do eixo metafórico sobre o metonímico pelas articulações e substituições entre estruturas sintáticas e formas significantes, mostrando o movimento da língua sobre ela mesma. O sujeito emerge assim, sem estranhar o que diz, já que não operam "restrições que incidam sobre a intromissão das cadeias latentes na cadeia manifesta" (ibidem, p.61).

Já na terceira posição em que o pólo dominante é o sujeito, há maior homogeneidade da fala da criança e da escuta para o seu próprio dizer, ou seja, a criança identifica qual enunciado seu provocou estranhamento no outro ou nela mesma, ressignificando-o e substituindo-o. A visibilidade da posição se dá pelas "pausas, reformulações, correções eliciadas pela reação direta ou indireta do interlocutor" (ibidem, p.61). Esses fenômenos, apesar de seu semblante metalingüístico, não se justificam pela capacidade da criança em corrigir o que disse, mas sim pela "mudança de posição na estrutura, isto é, para a emergência de um sujeito em outro intervalo: naquele que se abre entre a instância que fala e a instância que escuta, instâncias não coincidentes" (ibidem, p.62).

Esse retorno do sujeito sobre sua própria enunciação e a escuta que o caracteriza têm um caráter altamente intermitente, imprevisível e heterogêneo, não sendo possível reduzi-los a uma dimensão metalingüística sobre o qual o sujeito tomaria a língua como objeto de reflexão. A escuta do sujeito e o retorno sobre o que diz não apagam sua inscrição no funcionamento lingüístico-discursivo, nem o colocam para fora dele.

Vale destacar que a precedência cronológica da primeira posição tem uma extrema importância, pois é através dos significantes do outro/mãe (representante do funcionamento lingüístico-discursivo) e da escuta pela mãe desses significantes da criança que se inaugura a entrada do sujeito nessa estrutura[6] simbólica, sem esquecer, todavia, que essa dimensão só se movimenta

---

6 Aqui a estrutura é necessariamente enosada entre os registros do Real, Simbólico e Imaginário e a melhor imagem para visualizar isso é aquela lançada por Lacan no Seminário XX, a do nó borromeano.

em relação com as outras duas posições. Uma vez o sujeito capturado, não seria mais possível pôr-se fora dela, ou seja, a passagem de *infans* a falante desloca a criança do lugar de "falada pelo outro/mãe", aqui entendida como representante do funcionamento lingüístico-discursivo, para se inscrever na ordem própria da língua, estando sob os efeitos daquilo que diz e sob a escuta que tem desses efeitos.

Considerando esse aparato teórico, e particularmente a dinâmica entre a segunda e terceira posições, irei explicitar os movimentos de autoria durante um processo de escritura em ato, procurando esclarecer seu funcionamento e argumentar em favor dessa relação estruturante entre sujeito, língua e sentido.

As formas significantes, as forças paralelísticas e, na tempestade, os scriptores

A prática de textualização e o manuscrito escolar: uma fotografia

A situação que envolve a proposta de criação do poema na sala de aula de uma 1ª série[7] foi conduzida por mim, que atuava como professor. Inicialmente discuti com os alunos o poema "A traça"[8] de Guto Lins (1999), destacando, particularmente, os jogos homofônicos e as aliterações criadas pelo poeta, solicitando a alguns alunos que destacassem na lousa as palavras responsáveis por esses jogos.

Após essa discussão e uma última declamação do poema, escrevi na lousa os quatro primeiros versos de outro poema intitulado "Raridade"[9] de José

---

7 Esses dados, que também compõem o banco "Práticas de Textualização na Escola", foram coletados no ano de 2000 durante a realização do projeto didático "Poema de Cada Dia" (Calil, 2006), já comentado no capítulo 2. Os procedimentos metodológicos usados na coleta desse *corpus* também já foram expostos no capítulo 1.

8 A traça / traça tudo / o que na frente encontrar / sua calça de veludo / seu casaco sobretudo / e o que tiver para traçar / só não traça a sua meia suja / aquele troço esquisito / que você esqueceu de lavar.

9 "*A arara é uma ave rara / pois o homem não pára / de ir ao mato caçá-la / para a pôr na sala* / em cima de um poleiro / onde ela fica o dia inteiro / fazendo escarcéu / porque já não pode / voar pelo céu. / E se o homem não pára / de caçar arara, / hoje uma ave rara, / ou a arara some / ou então muda seu nome / para arrara". Os versos destacados foram escritos na lousa.

Paulo Paes (2000), que também tem características rítmicas e sonoras próximas ao poema "A traça", mobilizando palavras homonímicas e sons semelhantes. Os versos, as rimas e outros recursos prosódicos do poema "Raridade" são elementos que estruturam tanto a forma gráfica quanto o sentido, tendo um papel central no jogo poético proposto pelo poeta. Porém não fiz nenhum comentário sobre esses aspectos, nem escrevi o título, assim como não li o resto do poema para os alunos, evitando interferir mais diretamente sobre o modo como poderiam dar continuidade ao que o poeta já havia feito.

Nos dois primeiros versos escritos na lousa para serem copiados há repetição de sons e paronomásia entre "arara", "rara", "pára" (verbo); nos dois últimos essas relações ficam por conta de "caçá-la" e "na sala", havendo também relação homonímica entre "pára" (terceira pessoa do singular do verbo "parar") no final do segundo verso e "para" (preposição) no último verso escrito na lousa.

A dupla formada pelos alunos Valdemir Gomes da Silva e José Antenor dos Santos Filho,[10] que copiaram os quatro primeiros versos e depois criaram a continuação do poema, foi filmada no dia 14 de setembro de 2000, dia em que fizeram o seguinte texto (Figura 14):

---

10 No mês dessa filmagem esses alunos estavam com 11 anos e 8 meses e 12 anos e 6 meses, respectivamente, cursando a 1ª série do Ensino Fundamental. Esses alunos "saíram" da escola pública após ter repetido esse primeiro ano escolar por várias vezes, fato que justifica a idade avançada para esse nível de escolaridade.

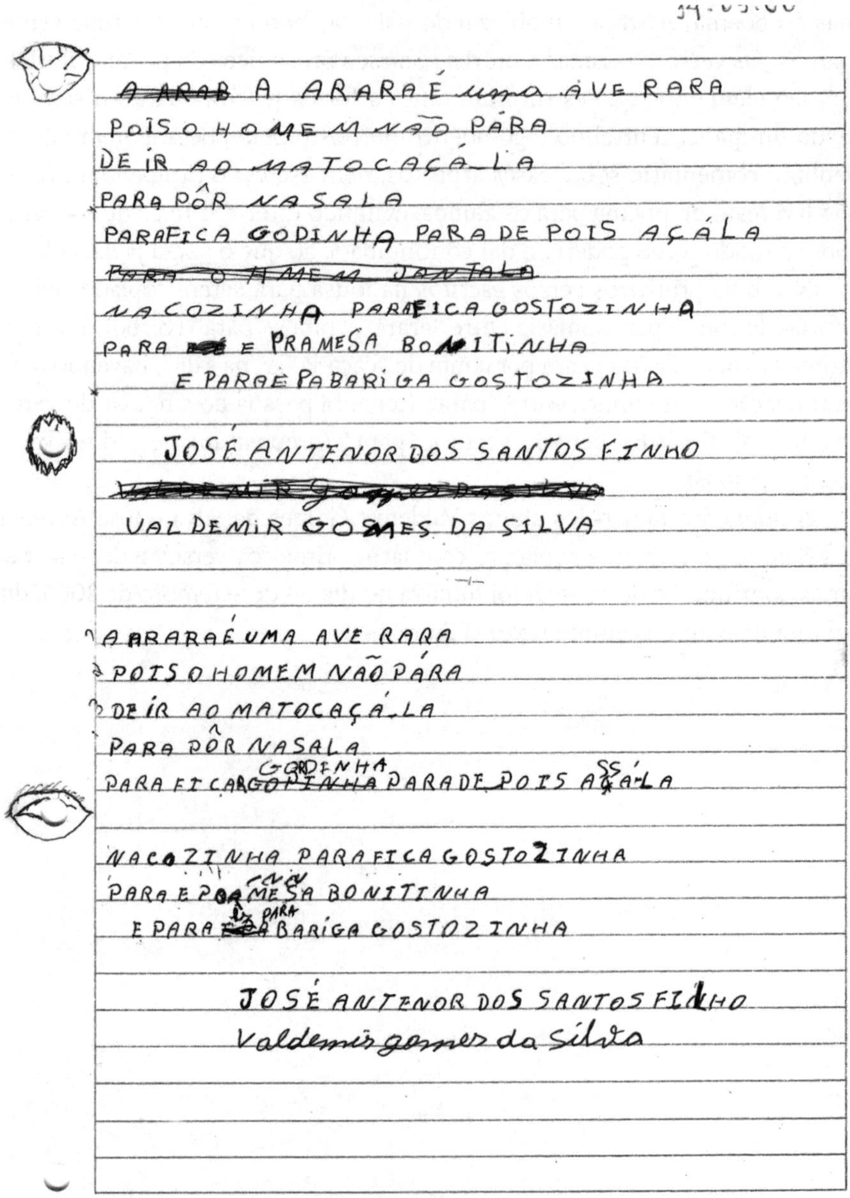

FIGURA 14 – Manuscrito escolar: poema "A arara é uma ave rara" (primeira versão), em 14 set. 2000, criado por Valdemir Gomes da Silva (11:8) e José Antenor dos Santos Filho(12:6), alunos da 1ª série do Centro Educacional Miosótis. Professora: Maria José de Oliveira. Condutor da atividade: Eduardo Calil.

Escutar o invisível

1.	~~A ARAB~~ A ARARA É *UMA* AVE RARA
2.	POIS O HOMEM NÃO PÁRA
3.	DE IR AO MATO CAÇÁ-LA
4.	PARA PÔR NA SALA
5.	PARAFICA GODINHA PARA DE POIS AÇÁLA
6.	~~PARA O HMEM JANTALA~~
7.	NA COZINHA PARAFICA GOSTOZINHA
8.	PARA ~~X É~~ E PRAMESA BONITINHA
9.	E PARAEPABARIGA GOSTOZINHA
10.	
11.	JOSÉ ANTENOR DOS SANTOS FINHO
12.	~~VALDEMIR GOMES DA SILVA~~
13.	VALDEMIR GOMES DA SILVA
14.	
15.	
16.	A ARARA É UMA AVE RARA
17.	POIS O HOMEM NÃO PÁRA
18.	DE IR AO MATOCAÇÁ-LA
19.	PARA PÔR NA SALA
20.	PARA FICARGOPINHA PARA DE POIS AÇÁ-LA
21.	
22.	NA COZINHA PARA FICA GOSTOZINHA
23.	PARA E PRAMESA BONITINHA
24.	E PARA EPABARIGA GOSTOZINHA
25.	
26.	JOSÉ ANTENOR DOS SANTOS FILHO
27.	*VALDEMIR GOMES DA SILVA*
28.	
29.	
30.	
31.	

FIGURA 15 – Transcrição diplomática do poema "Raridade", de José Antenor dos Santos Filho e Valdemir Gomes da Silva.

Como se pode observar, as quatro primeiras linhas do manuscrito escolar mantêm as características gráficas, respeitando os limites dos versos copiados. Da linha 5 à linha 9 eles inventam a continuação do poema, rasurando algumas letras e, sobretudo, o verso da linha 6, que terá um importante papel na constituição desse manuscrito. Apesar de o poema-referência ter como tema a problemática referente à extinção/preservação da ave devido à caça selvagem realizada pelo homem, o texto dos alunos segue em outra direção. Eles escrevem que a arara deve ficar "gordinha", para ser "assada" e depois "gostosinha" e "bonitinha" para ser comida. Isso indica que os "gestos de interpretação" efetivados por esses alunos não coincidem com aquele proposto pelo poema, nem pelo discurso "ecológico-pedagógico" atual que defende e protege os animais em risco de extinção.

Logo após o primeiro registro de seus nomes (linhas 11, 12 e 13), os alunos copiam, entre as linhas 16 e 24, o poema que fizeram, com a intenção de passá-lo a limpo.

Poderia ser dito que essa outra direção dada ao poema se inscreve em formações discursivas mais próximas ao cotidiano e à história de vida desses alunos, que costumam brincar na rua, caçar passarinhos para comer, vender ou criar.[11] Esses enunciados indicariam posições discursivas que os alunos ocupam, cristalizando uma unidade para o texto e revelando sua face imaginária, na medida em que produz como efeito um texto coerente, com sentidos estabilizados e, ao menos em parte, previsíveis.

Considerando o poema final, após terem "passado a limpo" na segunda metade da folha, uma transcrição normativa poderia apresentá-lo como:

A ARARA É UMA AVE RARA
POIS O HOMEM NÃO PÁRA
DE IR AO MATO CAÇÁ-LA
PARA PÔR NA SALA

PARA FICAR GORDINHA
PARA DEPOIS ASSÁ-LA NA COZINHA
PARA FICAR GOSTOSINHA
PARA IR PARA MESA BONITINHA
PARA IR PARA BARRIGA GOSTOSINHA

---

11 Apesar de legalmente proibido, em Maceió e em várias outras cidades do nordeste brasileiro, são comuns a caça e a captura de aves silvestres, como galo-de-campina, sanhaço, curió, sábia, pintassilgo, dentre outros, para vendê-los ou simplesmente mantê-los em cativeiro para apreciar seu canto.

Contudo, é preciso compreender como se estabeleceu a unidade desse poema, por que ele se configurou dessa forma, como as forças significantes e as relações paralelísticas aí interferiram, enfim, como as posições subjetivas aí se configuram, podendo dar alguns indícios do movimento de autoria desses *scriptores*.

O professor e os alunos no meio da prática de textualização

O que interessa aqui, precisamente, não é apenas o manuscrito escolar nem a transcrição normativa, pois, apesar de terem uma grande importância, esses produtos minimizam o processo de criação que se instaura ao longo de toda prática de textualização e que inclui, além do que os alunos disseram durante o processo de escritura em ato, o momento da apresentação da proposta pelo professor e a discussão sobre os quatro versos escritos na lousa, mas o conjunto que poderá fornecer pistas para mostrar as tensões do "movimento de autoria" que se consolidam nesse processo.

Para isso, é preciso voltar ao momento em que foram escritos os quatro primeiros versos na lousa e a discussão que acompanhou a apresentação da atividade.

Fragmento 1 – professor escrevendo na lousa o início do poema "Raridade" e apresentando a atividade.

> A ARARA É UMA AVE RARA
> POIS O HOMEM NÃO PÁRA
> DE IR AO MATO CAÇÁ-LA
> PARA PÔR NA SALA

1. PROFESSOR: agora... agora... (PEGANDO SOBRE A MESA UMA FOLHA DE PAPEL EM QUE ESTÁ ESCRITO O POEMA) eu vou mostrar pra vocês uma outra poesia... uma outra poesia... tá? A gente vai discutir essa poesia... aí a gente de novo... ééé... aí vai pra uma outra atividade pra gente escrever, tá... Essa poesia vai começar... eu vou fazer o começo da poesia e vocês vão continuar a escrita da poesia... Tá bom? (ESCREVENDO E FALANDO O QUE ESTÁ ESCREVENDO. OS ALUNOS REPETEM O QUE O PROFESSOR DIZ) A[a]... a arara[arara]... é[é] uma[uma]... ave[ave]... [rara] a arara é uma ave rara... (TERMINANDO DE ESCREVER O PRIMEIRO VERSO E COMEÇANDO O SEGUNDO NA LINHA DE BAIXO) pois[pois]... o homem[o homem]... pois o homem não pára[não pára]... pois o homem

não pára... (MUDANDO NOVAMENTE DE LINHA) de ir[de ir]... de ir...
pois o homem não pára de ir ao mato[ao mato]... (PEQUENA PAUSA) ...
fazer o quê?...

2. ALUNO: ...(S.I.) ...
3. PROFESSOR: ... caçá-la... muito bem... para combinar, né?! (RELENDO) ... pois
o homem não pára de ir ao mato caçá-la... para[para]... para... pôr[pôr na]...
4. ALUNO: ...na gaiola...
5. PROFESSOR: ...combina 'na gaiola'? Para pôr...
6. VALDEMIR: ...na gaiola...
7. PROFESSOR: O poeta usou uma outra palavra.
8. ALUNO: ...comê-la... caçá-la...
9. PROFESSOR (REPETINDO): Comê-la... caçá-la... ele colocou... (LENDO) para
pôr na... sala[sala] Sala. (RELENDO TODOS OS VERSOS) A arara é uma
ave rara... pois o homem não pára... de ir ao mato caçá-la... para pôr na sala.
A arara vocês conhecem, não conhecem?
10. ALUNO: ... conhecemos...
11. PROFESSOR: ...é um pássaro grande colorido, né? Bonito.
12. ALUNOS: Azul ... vermelho ... amarelo ...
13. PROFESSOR (REPETINDO O QUE OS ALUNOS FALARAM): azul ... vermelho
... amarelo... E os caçadores vão lá caçá-la prá...
14. ALUNO: Botá na sala...
15. PROFESSOR: ...botá na sala... prá enfeita a sala... botá na gaiola... prá prende...
16. ALUNO: ...prá comê...
17. PROFESSOR: ...prá comê... (FALANDO COM VOZ BAIXA EM TOM DE BRIN-
CADEIRA) não sei se carne de arara é boa...
18. VALDEMIR: Botá na sala para assá-la.
19. PROFESSOR: Deitá?...(NÃO ENTENDENDO E PEDINDO PARA VALDEMIR
REPETIR) Como é que é?
20. VALDEMIR (REPETINDO): Botá na sala para assá-la.
21. PROFESSOR: Interessante. (REPETINDO) Botá na sala para assá-la. Legal. (PRO-
FESSOR PEDE AOS ALUNOS QUE SE ORGANIZEM EM DUPLA E CO-
MECEM A COPIAR E A ESCREVER A CONTINUIDADE DAQUELES
VERSOS.)

Na conversa que se estabeleceu enquanto ia escrevendo o poema na lousa e relendo-o, observa-se o surgimento de outros termos, como "gaiola"
(turno 4) e "comê-la" (turno 8), que não aparecem no manuscrito escolar,
mas constitui a memória do processo de escritura do poema que a dupla irá
criar. Como sugere Valdemir (turno 18), aluno que será filmado e acompanhado com José Antenor na seqüência da atividade, o enunciado "botá na
sala para assá-la" terá importante reflexo sobre o processo de escritura em

ato e o manuscrito escolar. Quando esse enunciado surge já estava circulando o sentido de "comer" pelo enunciado "...comê-la... caçá-la..." (turno 8 e 16) dito por um outro aluno enquanto o professor solicitava que sugerissem a complementação do verso "para pôr na..." escrito na lousa. Facilmente se percebe que a forma "comê-la" tem uma relação de contigüidade não com a demanda do professor, mas com o verso anterior e o início do seguinte "/de ir ao mato *caçá-la* / para... *comê-la*", mas também a própria forma "comê-*la*" guarda, na posição que ocupa, o pronome "la" de "caçá-*la*", mantendo, por sua vez, a unidade referencial do poema e preservando o paralelismo sintático.

Mas o enunciado de Valdemir "botá na sala para assá-la" não se explica somente pela articulação dessas relações. A forma significante "assá-la" atase também à assonância entre "caçá-la/na sala" produzida pela homofonia e paronomásia dessa cadeia sintagmática.

O processo de significação desse gênero pela leitura intensa, significativa, cotidiana e sistemática, assim como a discussão em classe desses jogos de linguagem constitutivos da poesia destacados no poema "A traça" que o professor havia comentado, entre outras coisas, a homonímia entre "traça" (designação comum a insetos que corroem livros ou tecidos) e "traça" (terceira pessoa do singular do verbo "traçar") e a paronomásia entre "traça" e "troço", reflete-se de alguma forma na criação oral desse verso, na medida em que revela uma posição sujeito afetada pela ordem própria da língua nessa configuração textual. A homofonia e a paronomásia como elementos cruciais da criação poética e do equívoco, suportado pelo real da língua, emergem do cruzamento e da condensação dos significantes "cAÇÁ-LA" e "nA SALA" para fazer ancoragem em outro lugar, instaurando uma nova possibilidade de sentido, um outro universo discursivo.

Vale pontuar que nesse efeito se escuta o que disse Jakobson (1999, p.150) ao afirmar que "numa seqüência em que a similaridade se superpõe à contigüidade, duas seqüências fonêmicas semelhantes, próximas uma da outra, tendem a assumir função paronomásica". Em um primeiro momento, esse funcionamento próprio da língua ilumina a segunda posição subjetiva na medida em que a enunciação de Valdemir sofre os efeitos da homofonia e paronomásia: "botá na sala para assá-la". Esse efeito se sobrepõe à referência ao mundo externo, pois "assá-la" funciona como uma referência interna ao verso, na qual se apaga a impossibilidade semântica de se "assar" algo "na sala". É só depois que esses efeitos são reconhecidos por Valdemir (e seu parceiro), fixando-se no poema, dando visibilidade à escuta que caracteriza a terceira posição.

É no preciso momento de sua enunciação que a forma significante recalcada detona o movimento de autoria, dando ao processo de escritura um estatuto singular e inventivo pelo qual o que faz a diferença é o reconhecimento de seus efeitos, marcando a posição subjetiva do sujeito inscrito no funcionamento lingüístico-discursivo. Isso é o que diz Milner (1983) sobre a propriedade do significante:

> Ora, existem multiplicidades que se fundam dalhures. Assim, elas não têm, de modo algum, o princípio de uma propriedade representável, mas inteiramente o significante que as nomeia como multiplicidades. Estas, conseqüentemente, não saberiam preexistir à própria proferição do significante; *a propriedade se reduz à nomeação que aí se faz e o sujeito não a recebe senão no instante mesmo em que se diz o encadeamento.* ... Estes próprios ditos podem se assemelhar a uma atribuição, mas isto é pura homonímia. (p.107-8, grifo meu)

A dimensão do três no processo de escritura em ato

O surgimento de "INHA" e sua momentânea convivência com "ALA"

Vale destacar que o aprofundamento desses movimentos só é possível pelo procedimento metodológico que tenho utilizado em minhas investigações, isto é, a filmagem do momento em que a dupla produz o seu texto permite o acesso tanto ao que aparece escrito na forma final quanto ao seu processo de escritura. Como a discussão entre eles é bastante longa, irei mostrar os fragmentos mais significativos que fotografam os mecanismos metafóricos e metonímicos na constituição desse processo de escritura com o objetivo de argumentar em favor da hipótese que tenho defendido. Observo, em primeiro lugar, a entrada de "gordinha" e "assá-la" no manuscrito oral constituído enquanto estão escrevendo o poema colocado à direita:[12]

---

12 Como descrito no capítulo 2, as transcrições dos fragmentos possuem alguns códigos: o nome sublinhado indica quem está escrevendo, o colchete e negrito mostra o que foi realmente escrito pelo aluno. Na coluna ao lado, as partes do poema manuscrito correspondem ao exato momento em que o trecho começa a ser grafado. Vale lembrar que durante a filmagem, realizada por uma bolsista de Iniciação Científica, a professora Maria José de Oliveira ficou observando a atuação e interação entre os alunos enquanto eu conduzia a atividade. Esse procedimento era corriqueiro, uma vez que fazia parte da proposta de formação continuada dos docentes da escola, conforme previsto no projeto de pesquisa e explicado no capítulo 1.

Escutar o invisível

Fragmento 2 – após terem copiado da lousa os versos "a arara é uma ave rara / pois o homem não pára / de ir ao mato caçá-la/", continuam copiando o quarto verso. Em seguida inventam outros três versos: pra ficar gordinha/ para depois assá-la/ para o homem jantá-la.

> †PARA PÔR NA SALA

1. VALDEMIR (ESCREVENDO): ...*para*[para]... (LENDO DA LOUSA)
2. JOSÉ ANTENOR: para...
3. VALDEMIR: ... para pôr na sala... para pôr[pôr]...
4. JOSÉ ANTENOR (ACOMPANHANDO A ESCRITA DE VALDEMIR): na sala... para ficar bonitinha para depois assá-la (EXCLAMANDO) Oia!
5. VALDEMIR: ... pôr... na[na] sa... sala[sala] (TERMINANDO DE COPIAR DA LOUSA E COMBINANDO A CONTINUAÇÃO DO POEMA COM JOSÉ ANTENOR.) ... pôr na sala... para...
6. JOSÉ ANTENOR: Não! Prá... prá...
7. VALDEMIR E JOSÉ ANTENOR: prá ficá bonitinha... prá...
8. VALDEMIR: ... depois... (REFORMULANDO E OLHANDO PARA JOSÉ ANTENOR) ... prá ficá gordinha...
9. VALDEMIR E JOSÉ ANTENOR (ENTREOLHANDO-SE): prá depois assá-la...
10. VALDEMIR (INDO ESCREVER NA LINHA DEBAIXO): para[para]...
11. JOSÉ ANTENOR: para ... paa... ra ...
12. VALDEMIR: ...fi ... [fi] ... ca...
    eita... muito junto... ca[ca]...

> PARAFICA GODINHA PARA DE POIS AÇÁLA

13. JOSÉ ANTENOR: fica... gordi...
14. VALDEMIR: go[go]... di[di]... nha[nha]...
15. JOSÉ ANTENOR (OLHANDO VALDEMIR ESCREVER): ... gor... di... nha... Olha jeito que faz o 'g'...
16. VALDEMIR (SOBRESCREVENDO A LETRA "G" DE "GORDINHA"): ...gordi-nha... (SOBRESCREVENDO A LETRA "A" DE "GORDINHA")
17. JOSÉ ANTENOR: ... para... Ai bota... para depois assá-la...
18. VALDEMIR: ... para[para]...
19. JOSÉ ANTENOR (VENDO QUE VALDEMIR ESTÁ ESCREVENDO NA MESMA LINHA): Fazê embaixo... mais tá bom... deixa aí...
20. VALDEMIR: ... de[de]...
21. JOSÉ ANTENOR: ... pois...
22. VALDEMIR: pois[pois]...
23. JOSÉ ANTENOR: pois... pois... ... a ... a ...
24. VALDEMIR: depois... a[a]... tudo junto?
25. JOSÉ ANTENOR: ah é... a... ssá...
26. VALDEMIR: a... a ... (PARANDO DE ESCREVER E PROCURANDO A PROFESSORA PARA AJUDÁ-LO A ESCREVER "ASSÁ-LA") ... eita... será que a tia pode me dar uma dica?
27. JOSÉ ANTENOR (OLHANDO COM ATENÇÃO E APONTANDO NO QUADRO O POEMA): ... lá... (APONTANDO PARA A LOUSA ONDE ESTAVA ESCRITO "PARA PÔR NA SALA") ... olha a sala... a...

28. VALDEMIR (FALANDO BAIXINHO E OLHANDO PARA ONDE JOSÉ HAVIA APONTADO): ... péra aí... péra aí... **[çála]**...
29. JOSÉ ANTENOR: (S.I.) ...
30. VALDEMIR (LENDO): ...gordinha... para depois assá-la... para jantá-la... (OLHANDO PARA JOSÉ ANTENOR E ENFATIZANDO O QUE DISSE.) éé... para jantá-la...
31. JOSÉ ANTENOR (ENTREOLHANDO-SE): ... é... para janta.
32. VALDEMIR: para jantá-la...
33. JOSÉ ANTENOR: para o... (COMO QUEM TEVE UMA IDÉIA) eita .. para o homem janta. Para...
34. VALDEMIR (ESCREVENDO NA LINHA DE BAIXO): ...para[**para**]... o[**o**]...
35. JOSÉ ANTENOR (OLHANDO VALDEMIR ESCREVER): ... para... o... homê... homê...

> *Para o hmem jantala*

36. VALDEMIR: homem[**hmem**]... homem... homem... jantá-la[**jan**]... ta-la[**tala**]... para ... jantá-la para...
37. JOSÉ ANTENOR: Tá bom!
38. VALDEMIR: Tá pequena...

Nesse fragmento há alguns aspectos interessantes que interferem no processo de criação e merecem ser destacados.

O primeiro está relacionado ao aparecimento de "bonitinha" dito por José Antenor no turno 4, que deixa escapar uma outra direção, até então imprevisível, para o poema. "Bonitinha", nesse processo discursivo, parece ser fruto de uma dupla interferência. De um lado, deixa entrever uma interpretação dada à "arara" como um "enfeite", de outro, traz a ressonância do que o professor discutiu com os alunos ao falar da beleza e das cores da ave. Detalhando um pouco mais, minha hipótese é a de que o surgimento de "bonitinha" pode estar relacionado aos efeitos produzidos metonimicamente pelo fato de se colocar uma "arara" para enfeitar a sala com suas "penas coloridas e bonitas" e o "já-dito" que circula em torno dessa ave como enunciado por mim: "... é um pássaro grande colorido, né? *Bonito*" (fragmento 1 – turno 11). Porém, o sufixo "inha" marca um tratamento carinhoso referente à "arara" alçando-a também ao estatuto de "bichinhos de estimação" que terá suas reverberações ao longo dessa construção poética. Além disso, sua emergência é acompanhada da manutenção da estrutura sintática do verso anterior *"para pôr na sala"*, na medida em que *"para ficar* bonitinha" preserva "para + verbo", criando assim uma relação paralelística que funcionará como uma espécie de "cola" para a manutenção da unidade do poema.

Valdemir, que havia dito "botá na sala para assá-la" (fragmento 1 – turno 18), rasura oralmente a presença de "bonitinha" nesse verso, substituindo-o por "gordinha": "... depois... (REFORMULANDO E OLHANDO PARA JOSÉ ANTENOR.) ... prá ficá gordinha...". Essa enunciação indica outro ponto que interfere no processo de escritura em ato. Há aí um deslocamento semântico crucial, pois, enquanto "bonitinha" mantém o duplo valor de objeto usado para enfeitar a sala e de "animal de estimação", "gordinha" resgata o sentido já apontado por "comê-la" e "assá-la", dando ao poema maior unidade, já que a "arara" poderia estar "gordinha" para depois ser "assada".

O sentido de "bonitinha" desaparece desse verso, mas, como o que se diz deixa rastros sobre o que se irá dizer, a forma "gordINHA" retém "INHA". Semelhantemente à homofonia entre "cAÇÁ-LA", "nA SALA" e "ASSÁ-LA", que estão presentes no texto copiado e no manuscrito oral durante a discussão coletiva da atividade, essa forma passa a concorrer com a posição de rima já ocupada pela forma "ASSALA", registrada no verso escrito "para depois assá-la", que Valdemir termina de escrever no final do turno 28.

Para dar um pouco mais de visibilidade ao movimento de deslizamento das formas significantes, produto da homofonia, da paronomásia e também das relações anagramáticas que se cruzam, apresento um esquema que ilustra o que foi copiado e o que foi criado (Figura 16):

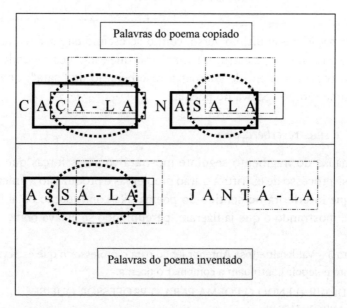

FIGURA 16 – Esquema ilustrativo do poema criado pelos alunos Valdemir Gomes da Silva e José Antenor dos Santos Filho.

Esse jogo mostra que o que move o processo de criação desse poema não é somente a memória discursiva que se vincula a um sentido já atestado, a um já-dito, reconhecido nos registros do imaginário, mas também a dimensão equívoca da língua, em que a ordem significante exerce uma intensa pressão sobre o sujeito, a produção de sentidos e a própria cadeia manifesta. Essa questão é central na análise que está sendo desenvolvida.

Voltando ao final do fragmento 2, ainda é preciso observar que a força paralelística constitutiva da poesia continua pressionando o processo de escritura da continuidade do poema. José Antenor revela isso pelo acréscimo que faz no verso oral de Valdemir dito no turno 30 e repetido no turno 32: "para jantá-la...". Aquele, da posição que ocupa, acrescenta "o homem" no turno 33, fortalecendo a relação paralelística do poema escrito até o momento:

A ARARA É UMA AVE RARA
POIS *O HOMEM* NÃO PÁRA
DE IR AO MATO CAÇÁ-LA
PARA PÔR NA SALA

PARA FICAR GORDINHA
PARA DEPOIS ASSÁ-LA
PARA *O HOMEM* JANTÁ-LA

A formação desse último verso, com o acréscimo da palavra "homem", funde, de certa forma, as estruturas sintáticas que estão nos segundo e quarto versos copiados, além de guardar a reverberação de "para", que parece exercer uma função coesiva no poema.

"INHA" e suas reverberações

A análise do fragmento seguinte mostrará como as forças que concorrem nesse processo de escritura trarão problemas e produzirão a única rasura escrita que interferirá no sentido do poema. Na continuação os alunos me chamam, mostrando o que já fizeram, perguntando se estava bom.

Fragmento 3 – Valdemir e José Antenor lendo para o professor o que escreveram até o momento e depois continuam a combinar o poema.

1. VALDEMIR (LENDO O POEMA PARA O PROFESSOR QUE SE
      APROXIMOU): ...a ..
2. JOSÉ ANTENOR: ... a arara...

Escutar o invisível

3. VALDEMIR (LENDO): a arara... a arara é uma ave rara... pois o homem... pois o homem... não pára... di... de ir ao mato caçá-la... para pôr na sala... pôr na sala... prá... prá ficá gordinha... para depois assá-la ... (DEIXANDO DE LER, VIRANDO-SE E FALANDO PARA O JOSÉ ANTENOR) Era para colocar "na cozinha"...

4. PROFESSOR: Como é que você pôs ...

5. JOSÉ ANTENOR: ... a sala...

6. VALDEMIR (CONTINUANDO A LEITURA): ... para depois ficar gordinha... para...

7. JOSÉ ANTENOR: ... para...

8. VALDEMIR: para ficar gordinha... para a cozinha.... ahn tá certo oh! (RETO-MANDO A LEITURA) ... *para depois assá-la... para o homem jantá-la* ...

9. PROFESSOR: humm ... legal ... tá ótimo... vocês acham que podem continuar mais ...

10. <u>VALDEMIR</u>: bora vê se nois... consegue...

11. PROFESSOR: tá ótimo ... tenta mais um pouco (O PROFESSOR SE AFASTA)

12. VALDEMIR (RELENDO): para o homem jantá-la... (FALANDO PARA O JOSÉ ANTENOR E CONTINUANDO A CRIAÇÃO) ... jantá-la... e ela é o gosto de galinha... (RINDO)

13. JOSÉ ANTENOR: eita... (RINDO) ... rema não essa... rema não ...

14. VALDEMIR: rima sim ... oiá aqui ...oiá aqui... (INDICANDO AS LINHAS ES-CRITAS) ... gordinha... galinha...

15. JOSÉ ANTENOR: ... para ficar ao gosto de galinha... e para ficar ao gosto de galinha... e bonitinha...

16. VALDEMIR (FAZENDO UM SINAL PARA CHAMAR O PROFESSOR E PER-GUNTANDO): "para ficar com gosto de galinha", pode ser?

17. PROFESSOR: pode... se vocês acham que pode... vocês ...

18. VALDEMIR: ... porque rima com gordinha...

19. PROFESSOR: gordinha ... galinha... tá bom... vocês quem sabem... pode fazer... o texto é de vocês, tá?

20. VALDEMIR (RELENDO): ... para o homem jantá-la... (APÓS UMA PEQUENA PAUSA CONTINUA COMBINANDO COM JOSÉ ANTENOR) moreninha... para ficá moreninha...

21. JOSÉ ANTENOR (RINDO): eita ...

22. VALDEMIR: ... não fica moreninha quando assa?!...

23. JOSÉ ANTENOR (RINDO E BATENDO NA MESA): para ficá... (PAUSA BRE-VE) ... gostosinha ...para ficá gostosinha ...

24. VALDEMIR: ... deixa eu vê... (RELENDO) ... para pôr na sala...
    para ficar gordinha...
    para depois assá-la... para
    depois assá-la ... (RASURANDO O TRECHO [para o hmem jantala])

25. JOSÉ ANTENOR (VENDO VALDEMIR RASURAR): Ôchii...
26. VALDEMIR: para depois assá la... (ESCREVENDO NA LINHA ABAIXO [na
    cozinha] ... na[**na**]... co[**co**]... zi[**zi**]... nha[**nha**]...)
27. JOSÉ ANTENOR (APONTANDO NA LINHA DE CIMA O ESCRITO: [**para o**
    hmem jantala]) por que tu apago esta?
28. VALDEMIR: porque tá errado... não rima não... cozinha...eita... oiá... tem um
    "a"... tem um "a" ... minúsculo...
    (RASURANDO A   *uɑ COZINHA*
    LETRA "A" DE
    [**cozinha**] QUE HAVIA ESCRITO EM CURSIVA E
    ESCREVENDO SOBRE ELA UM OUTRO "A" EM LETRA DE FORMA)
29. JOSÉ ANTENOR (DEITANDO NA MESA): comê... e para ficá gostosinha ...
30. VALDEMIR: Ó, deixa eu lê de novo... (RELENDO TODO O POEMA) ... a arara
    é uma ave rara... pois o homem não pára di ... de ir... ao mato caçá-la para por
    na sala... para ficá gordinha... para di... de... pois assá-la na cozinha... para
    ficar gostosinha... (CONTINUANDO A ESCREVER) ... para [**par**]... (NÃO
    ESCREVENDO A LETRA [**a**])
31. JOSÉ ANTENOR: ... para... fi...
32. VALDEMIR: ... eita... (ERRANDO A GRAFIA DA LETRA 'F' E SOBRESCRE-
    VENDO NESSA GRAFIA A [**f**])
33. JOSÉ ANTENOR (VENDO QUE VALDEMIR ERROU): Ôchi!
34. VALDEMIR (JUSTIFICANDO-SE): não é toda vez não... que o cara acerta não...
35. JOSÉ ANTENOR (ACOMPANHANDO TODO O
    TEMPO A ESCRITA DE VALDEMIR): fi...
36. VALDEMIR: para   *PAR FICA GOSTOZINHA*
    ficar[**fi**]...
37. JOSÉ ANTENOR: é o "i". fi... ca...
38. VALDEMIR: ca[**ca**]... gos[**gos**]...
39. JOSÉ ANTENOR: gos...
40. VALDEMIR: ... gos...
41. JOSÉ ANTENOR to...
42. VALDEMIR: to [**to**]...
43. JOSÉ ANTENOR (COM ÊNFASE NO "SA"): gos... to... ... sa...
44. VALDEMIR: gostooo... gosto...
45. JOSÉ ANTENOR: sa.
46. VALDEMIR: zi[**si**]... ziii
47. JOSÉ ANTENOR: ... nha.
48. VALDEMIR: nha[**nha**]...

A rasura escrita sobre o verso "para o homem jantá-la", que acontece
durante o turno 24, é de extrema importância para entender os movimentos

de autoria no processo de escritura em ato e sua relação com as formas significantes. Por que ela incidiu sobre esse verso? O que ela pode revelar da trajetória dos *scriptores*? O que se escuta e, portanto, se marca uma terceira posição, ao rasurá-la? São pontos a serem perseguidos e que exigem considerar o conjunto dos três fragmentos extraídos desse processo de escritura constituído por rupturas e continuidades refletidas no manuscrito final.

O termo "cozinha" aparece repentinamente no final da leitura de Valdemir (turno 3) quando ele diz pela primeira vez: "Era para colocar 'na cozinha'". Poderia começar explicando que "cozinha" foi dito e depois escrito (turno 24) por conta de sua relação metafórica com "sala", outro cômodo de uma casa, formando assim um eixo de equivalência alinhado paralelisticamente ao verso copiado da lousa "para pôr *na* sala", até mesmo com a manutenção de "na". Poderia ainda acrescentar que há uma relação de contigüidade semântica entre "assá-la", ação de preparar um alimento ao calor do fogo, e "na cozinha", compartimento da casa equipado para preparação de alimentos em que se irá assar a "arara".

Entretanto, se essas forças mantêm o enlace com o universo discursivo mobilizado por "sala" e "assá-la", outra força também convoca a emergência de "cozinha". É sua terminação que, claramente, faz rima com "gordinha" e, antes dela, com "bonitinha", ainda não escrita, mas presente na memória oral do texto. Uma pressão do significante "INHA" se desprende de seu valor sufixal em "gordINHA" para se colar em outro étimo, rompendo o eixo aberto pelas formas diminutivas, mas simultaneamente impondo-se como rima estruturante do poema.

Sua entrada, porém, é marcada por alguma hesitação de Valdemir. Ela pode ser reconhecida no turno 8 ("para ficar gordinha... para a cozinha... *ahn tá certo ó!* (RETOMANDO A LEITURA) ... para depois assá-la... para o homem jantá-la...") quando Valdemir, ancorado pela palavra "para", tenta introduzir "para a cozinha" entre os versos "para depois assá-la / para o homem jantá-la" que já estavam escritos.

Incentivados pelo professor ("humm... legal... tá ótimo... vocês acham que pode continuar mais...", turno 9), evitando interferir no processo de criação, eles voltam a reler e continuar o poema, afetados diferentemente pela forma "INHA", pelas relações metafóricas já estabelecidas e pelo próprio dizer quando Valdemir ri de: "... e ela é o gosto de galinha..." (turno 12). A estranheza desse verso não deixa o menor rastro no manuscrito, mas ressoa na fala de José Antenor "eita... (RINDO) ... rema não essa... rema não..." (turno 13). Não obstante, "galinha" confirma a presença das forças identificadas como responsáveis pelo surgimento de "na cozinha", na medida em que se escuta no enunciado de Valdemir pelo menos um triplo elo que se ata à ave "arara", ao termo "assá-la/assada" e ao significante "INHA".

"Galinha", mesmo mantendo a rima que José Antenor diz não existir[13] mas explicitada por Valdemir "rima sim... oiá aqui ... oiá aqui... (INDICAN-DO AS LINHAS EM QUE ESTÁ ESCREVENDO) ... gordinha... galinha..." (turno 14), não é escrito no manuscrito final, apesar de reverberar em sua leitura e colocar a "arara", ave em extinção, no patamar de pratos de nossa culinária: galinha assada, peixe assado, peru assado... e – por que não? – arara assada?

Chama a atenção a rasura oral feita por José Antenor ao reformular o possível verso *"e ela é o gosto de galinha"* sugerindo *"... para ficar ao gosto de galinha... e para ficar ao gosto de galinha... e bonitinha..."* (turno 15), pelo fato de atualizar a estrutura "para ficar", mas manter uma quebra da cadeia sintagmática, como indicia o encadeamento entre "para ficar" e "ao gosto de galinha". Dessa segunda posição, em que esse erro é um índice, observa-se o domínio do funcionamento da língua sobre os sujeitos.

Haveria aí a interferência de uma estrutura talvez mais letrada, como *"ao sabor de"*, *"à moda de"*, ou seria simplesmente uma tentativa de "correção" do bizarro enunciado de Valdemir que traz o verbo "é" e o artigo "o" no lugar do verbo "tem"? Apesar de a rasura oral de José Antenor denunciar uma escuta para a ruptura sintática do enunciado de Valdemir, ela atua na direção do reconhecimento de algo já atestado na língua, ao contrário, por exemplo, da escuta do poeta em que a ruptura é preservada, como é o caso deste verso de Manoel de Barros: "O delírio do verbo estava no começo, lá onde a / criança diz: *eu escuto a cor dos passarinhos./*" (Barros, 1993, p.15).

A ruptura sintática indicia a concorrência de cadeias latentes emergindo na cadeia manifesta. Em "e ela é o gosto de galinha" podem ser destacadas as estruturas:

- "e ela tem gosto de galinha"
- "e ela tem o gosto de uma galinha"
- "e ela é gostosa como uma galinha"
- "e ela é uma galinha"

---

13 Evidentemente aqui não há nenhuma relação com o que a literatura chama de "consciência fonológica".

- "prepará-la à moda de"
- "para deixá-la ao gosto de"
- "para ficar com sabor de"

Sendo tomado pela direção indicada no enunciado de José Antenor, é o próprio Valdemir quem, mesmo em dúvida, estabelece a estrutura atestada para o verso: "'para ficar *com gosto de* galinha', pode ser?" (turno 16), apontando, com seu enunciado, para uma mudança de posição (terceira posição).

No processo de escritura os sujeitos continuam impulsionados pelo deslizamento das formas significantes, pelas associações e similaridades e pela memória do dizer, sem ainda conseguir estancar a cadeia sintagmática. A palavra "moreninha" ("... para o homem jantá-la... (APÓS UMA PEQUE-NA PAUSA CONTINUA COMBINANDO COM JOSÉ ANTENOR) moreninha... para ficá moreninha..." – turno 20) é outro índice dessas forças que se articulam pelo duplo eixo metaforonímico que rege o funcionamento da cadeia. De um lado, um movimento detonado por "bonitinha", já que o termo "moreninha" entra no mesmo eixo metafórico em que apareceu "gordinha" e no turno 23, "... para ficá... (PAUSA BREVE) ... gostosinha... para ficá gostosinha...", irá surgir "gostosinha", ocupando a mesma posição que os termos que a precederam. Não se pode esquecer ainda que esse eixo deixa escapar um tratamento para a ave "arara/galinha" que a aproxima a uma figura feminina: bonitinha, gordinha, moreninha, gostosinha...

O eixo metonímico é o outro lado desse funcionamento. Ele pode ser mais bem escutado na pergunta-justificativa de Valdemir "... não fica moreninha quando assa?!..." (turno 22), em que "moreninha" camufla/esconde uma relação de contigüidade entre "assar" e "dourar" (deixar algo fritar em panela ou assar no forno até que tome cor acobreada).

Mesmo que não se tenha o menor traço de "moreninha" sobre o manuscrito escolar, pode-se dizer que dessas associações e deslizamentos metonímicos produzidos pelos elementos presentes no poema e também nos enunciados postos em circulação durante o processo de escritura em ato resta um ponto fundante para a unidade do poema, seu "efeito de poetização", mas, sobretudo, gera a rasura do verso "para o homem jantá-la" (turno 24).

Como mostrei no início desta análise, a aparição de "assá-la" funda-se sobre as relações homofônicas, de paronomásia e anagramáticas, cujo motor são os significantes "cAÇÁ-LA" e "nA SALA", que também interferem fortemente em "jantÁ-LA", dando uma unidade imaginária ao poema, promovida pela rima que se estabiliza.

A ARARA É UMA AVE	RARA
POIS *O HOMEM* NÃO	PÁRA
DE IR AO MATO	cAÇÁ-LA
PARA PÔR	nA SALA
PARA FICAR	GORDINHA
PARA DEPOIS	ASSÁ-LA
PARA *O HOMEM*	jantÁ-LA

O imaginário que consolida – isto é, que solidifica a rima "ALA" como elemento necessário para a configuração textual desse gênero – sofre as reverberações da entrada de "bonitinha", dito por José Antenor no turno 4 do fragmento 2. Desde o início desse momento até o final do fragmento 3 corre o embate entre as rimas e as repetições do significante "INHA" que, como o movimento gravitacional dos satélites em torno de seu planeta, amarra todo o poema e – por que não dizer? – os *scriptores* também (Figura 17).

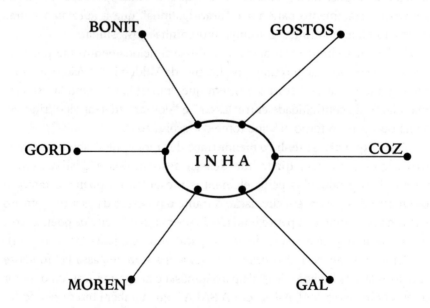

FIGURA 17 – Representação das rimas e repetições do significante "INHA".

A forma se impõe ao conteúdo. Os alunos estariam tomados por uma necessidade (imaginária) em manter antes a rima, elemento prioritariamente responsável pela unidade do poema, do que os sentidos daquilo que já foi escrito. É o que parece indicar a rasura sobre o verso "para o homem jantá-la", ocorrida durante esse momento do processo enunciativo em que as rimas "ALA" e "INHA" se confrontam. A rasura parece ser efeito da imposição desta sobre aquela, abrindo o poema para o encadeamento de "na cozinha" (turno 26), logo depois do verso "para depois assá-la", o que não apaga também sua pressão metonímica:

O cruzamento e a fixação de "INHA" paralisam o movimento de criação aberto por "ALA", amarrando toda a continuidade do poema e gerando uma espécie de "surdez" em Valdemir para o que já tinha escrito, como marca seu comentário "porque tá errado ... não rima não ... cozinha" (turno 28), silenciando o estranhamento de José Antenor em relação à rasura feita: "(APONTANDO NA LINHA DE CIMA O ESCRITO [para o hmem jantala]) por que tu apago esta?" (turno 27).

Essa interpretação de Valdemir sobre o próprio dizer, isto é, sobre o que já havia escrito, mas que rasura em seguida, produz uma unidade de sentido momentânea e pontual que daria conta daquilo que está sendo enunciado no fluxo discursivo, sem colocar em relação os enunciados textualmente mais distantes. Isso não tem nenhuma relação com uma possível falha de memória, falta de atenção ou distração. O que age aqui é a forma significante "INHA" que faz "cola" entre o sujeito e o signo, apagando suas diferenças e dando, assim, ao poema uma consistência imaginária. Esse apagamento se reflete ainda na manutenção de "gostosinha" em detrimento do termo "gostosa" (turnos 43 e 45).

A repetição e a consistência de seu efeito de unidade

No último momento desse ato de criação, Valdemir e José Antenor traçam os versos que serão imortalizados no manuscrito escolar. A discussão abaixo valoriza esse processo de escritura não pelo que traz de ruptura, mas pelo que sela a unidade.

Fragmento 4 – Valdemir e José Antenor continuam escrevendo o poema até seu final.

1. VALDEMIR (RELENDO): ... *gordinha*... (PEGANDO A CANETA QUE ESTAVA NA MÃO DE JOSÉ ANTENOR E ACRESCENTANDO A LETRA [a] ENTRE [par] E [**fica gostozinha**]) eita, toda vez eu esqueço o "a"[a] ... para fica gostosinha... para ir pra mesa bonitinha...

   NA COZINHA PARA FICA GOSTOZINHA

2. JOSÉ ANTENOR: e ir para barriga gordinha... (RINDO PARA VALDEMIR)
3. VALDEMIR: ééé...
4. JOSÉ ANTENOR: para ir pra mesa...
5. VALDEMIR E JOSÉ ANTENOR: para ir pra mesa bonitinha.
6. JOSÉ ANTENOR: para ir pra barriga...
7. VALDEMIR e JOSÉ ANTENOR: gostosinha...
8. JOSÉ ANTENOR (SORRINDO E FALANDO COM ENTUSIASMO): Vai... para ir pra mesa...
9. VALDEMIR (COMEÇANDO A ESCREVER): *para ir pra mesa... para[pa]*...
10. JOSÉ ANTENOR: eita, "para" que só! Né??
11. VALDEMIR (ESCREVENDO [ra]): é véio. Para... (CHAMANDO O PROFESSOR E PERGUNTANDO): pode co... não tem nada a ver não, se colocar... muito... assim... (OLHANDO E APONTANDO O TEXTO) porque tem uns cinco "para" assim... "para"... "pois"... a ...
12. PROFESSOR: Vocês é quem sabem... não tem problema...
13. VALDEMIR: ...assá-la...
14. PROFESSOR: vocês é que sabem... vocês é que tão escrevendo...
15. VALDEMIR: mas não tem problema não, né?
16. PROFESSOR: vocês é que sabem... se vocês acharem que não tem, não tem. Se acharem que tem, tem. (AFASTANDO-SE)
17. VALDEMIR: (OLHANDO PARA JOSÉ ANTENOR): para...
18. JOSÉ ANTENOR: o quê? (REFERINDO-SE À ESCRITA DE OUTRO VERSO) Diz um outro...
19. VALDEMIR: ...para ir...
20. JOSÉ ANTENOR: Esqueceu de bota "a mesa"?
21. VALDEMIR: para ir[e]... para... para mesa...
22. JOSÉ ANTENOR: ir pra... pra... mesa...
23. VALDEMIR: ir pra mesa.
24. JOSÉ ANTENOR: e pra barriga gostosinha...

25. VALDEMIR (RECLAMANDO): Pera ai, pó! Ir...
26. JOSÉ ANTENOR: ir pra... ir pra... (VALDEMIR RASURANDO [e] QUE FEZ. JOSÉ ANTENOR VENDO ELE RASURAR) oxe. Tá certo.
27. VALDEMIR: ir... (ESCREVENDO [é])
28. JOSÉ ANTENOR: oxe... (S.I.) tá bom... pra... (VENDO O QUE ESCREVEU VALDEMIR) fez "é"!
29. VALDEMIR: eita...
30. JOSÉ ANTENOR: Tu é foda! (VALDEMIR RASURANDO [é] E ESCREVENDO [e])
31. VALDEMIR: ir... (DANDO A FOLHA PARA JOSÉ ANTENOR ESCREVER) Faz ai, ué!
32. JOSÉ ANTENOR: Ir pra mesa... Faz ué! Num sei não... num sei não... (VIRANDO A FOLHA PARA VALDEMIR, QUE VOLTA A ESCREVER) pra mesa... pra... o "p"... (VALDEMIR ESCREVENDO [pra]) pra... me... me me... (VALDEMIR ESCREVENDO [me]) meee... saaa.

> PARA ⬛ E PRAMESA BONITINHA

33. VALDEMIR (PARANDO DE ESCREVER): ai eita porra. Não pode perguntar não.
34. JOSÉ ANTENOR: Pode. Pergunte à tia. (CHAMANDO A PROFESSORA QUE ESTÁ PRÓXIMA, MAS ATENDENDO OUTRA DUPLA) ... sa... Pergunta a tia, pó.
35. VALDEMIR: Deixa ela vim.
36. JOSÉ ANTENOR: Ai, pergunta. Vai, agora.
37. VALDEMIR (VIRANDO-SE PARA A DIREÇÃO EM QUE ESTÁ A PROFESSO-RA) Tia... (ELA CONTINUA ATENDENDO OUTRA DUPLA) Pra mesa... vou colocar o "s". (ESCREVENDO [sa])
38. JOSÉ ANTENOR: É. Vai bora. "Sa". "Bonitinha"... vai...
39. VALDEMIR: Pra ir pra mesa...
40. JOSÉ ANTENOR: Bo...
41. VALDEMIR: bo... bo... bo[bo]... booo...
42. JOSÉ ANTENOR: ... ni...
43. VALDEMIR: ni... (VALDEMIR ESCREVENDO A LETRA [t] DEPOIS DE [bo]) boni... ahnnn... (TENTANDO APAGAR COM A UNHA)
44. JOSÉ ANTENOR: Tá bom. Senão rasga... Boniii... ti...
45. VALDEMIR (SOBRESCREVENDO SOBRE A LETRA [t] A LETRA [n]): ... niii[i]... ti[ti]...
46. JOSÉ ANTENOR: ti... tinha (VALDEMIR ESCREVENDO [nha]).
47. VALDEMIR: (PROFESSOR APROXIMANDO-SE): Eii... "mesa" tá certo o "s".

48. PROFESSOR: Tá. Tá. Se preocupa com isto não. Depois a gente pode voltar e ver. Tá!?
49. VALDEMIR: Bonitinha... só isto, né, véio!?
50. JOSÉ ANTENOR: Não. Ir pra barriga gostosinha.
51. PROFESSOR: Quê?
52. VALDEMIR: Bonitinha... pra ir pra barriga bonitinha...
53. JOSÉ ANTENOR: e gostosinha...
54. VALDEMIR: gostosinha. Porque tem um monte de...
55. JOSÉ ANTENOR: ... "para".
56. VALDEMIR: Tem um monte aqui, ó... (APONTANDO O TEXTO) ... "gostosinha"... "cozinha"... é... "bonitinha"...
57. PROFESSOR: Se vocês quiserem pôr podem pôr à vontade o que vocês acham que combina aí. Não tem problema não (AFASTANDO-SE).
58. JOSÉ ANTENOR: vai... para ir pra barriga bonitinha... Eita. Para ir pra barriga...
59. VALDEMIR: "para" de novo, véio?!
60. JOSÉ ANTENOR: oxe! I é... Ir pra barriga... Ir pra barriga bonitinha... (VALDEMIR ESCREVENDO [e]) para... (VALDEMIR ESCREVENDO [para]) I pra... i pa...
61. VALDEMIR: i para... i... i para ir[e]... i para... i para... i... ir para... a barriga bonitinha...
62. JOSÉ ANTENOR: bonitinha... aqui é...
63. VALDEMIR (INTERROMPENDO): ... para... para ir... para ir...
64. JOSÉ ANTENOR: ... para barriga...
65. VALDEMIR: para ir... para[pa] ba[ba]... ri[ri]... ga[ga]...
66. JOSÉ ANTENOR:

bonitinha... ir ...aqui é
um... é só um desse
(APONTANDO ALGO NO POEMA).

$$\boxed{E\ PARAE\ PaBARiGA\ GOSTOZINHA}$$

67. VALDEMIR: para ir...
68. JOSÉ ANTENOR (DITANDO): ir pa ra bar ri ga ...bo é gosto ...
69. VALDEMIR: gostosinha... (REFORMULANDO) Bonitinha.
70. JOSÉ ANTENOR: Gostosinha! Vai pôr a barriga bonitinha? É "gostosinha'.
71. VALDEMIR: gos[gos]... to[to]... siiii[zi]... nha[nha]... Tá bom. (OLHANDO O POEMA E RINDO COM JOSÉ ANTENOR) Tem muito "para"... "para"... "para ir"... "para"... (DIZENDO PARA O PROFESSOR QUE SE APROXIMA) Terminamos...
72. PROFESSOR: legal... legal... põe o nome de vocês.

A escrita destes dois últimos versos do poema (/para ir para mesa bonitinha / e para ir para barriga gostosinha/) carrega o peso das relações paralelísticas que amarram os movimentos de autoria a uma repetição que chega a incomodar os *scriptores*. É patente a fixação da forma significante "INHA" após a eliminação do verso "para o homem jantá-la", assim como a repetição de termos ("gostosinha", por exemplo, aparece no antepenúltimo e no último verso), mas, principalmente, a recorrência da estrutura sintática "preposição(para) + verbo(ficar/assar/ir)".

A ARARA É UMA AVE RARA
POIS O HOMEM NÃO PÁRA
DE IR AO MATO CAÇÁ-LA
PARA PÔR NA SALA

PARA FICAR GORDINHA
PARA DEPOIS ASSÁ-LA NA COZINHA
PARA FICAR GOSTOSINHA
PARA IR PARA MESA BONITINHA
PARA IR PARA BARRIGA GOSTOSINHA

O incômodo que não deixa de indiciar um estranhamento encontra-se explicitado em quatro momentos diferentes nesse fragmento:

10. JOSÉ ANTENOR: eita, "para" que só! Né??
11. VALDEMIR (ESCREVENDO [ra]): é véio. "Para"... (CHAMANDO O PROFESSOR E PERGUNTANDO) *pode co... não tem nada a ver não, se colocar... muito... assim...* (OLHANDO E APONTANDO O TEXTO) *porque tem uns cinco "para" assim... "para"... "pois"... a ...*

54. VALDEMIR: gostosinha. *Porque tem um monte de...*
55. JOSÉ ANTENOR: ... "para".
56. VALDEMIR: *Tem um monte aqui, ó...* (APONTANDO O TEXTO) *... "gostosinha"... "cozinha"... é... "bonitinha"...*

59. VALDEMIR: *"para" de novo, véio?!*

71. VALDEMIR: gos[gos]... to[to]... siiii[zi]... nha[nha]... Tá bom. (OLHANDO O POEMA E RINDO COM JOSÉ ANTENOR) *Tem muito "para"... "para"... "para ir"... "para"...* (DIZENDO PARA O PROFESSOR QUE SE APROXIMA) Terminamos...

As formas "PARA" e "INHA", apesar de constituírem a unidade do poema através das relações paralelísticas que marcam e tomam conta do que é escrito, voltam-se sobre o dizer de Valdemir e José Antenor, que reconhecem a repetição, mas não conseguem rompê-la nem quebrar essa estruturação do poema.

É nesse sentido que o movimento de autoria em que se inscrevem os *scriptores* nesse processo de escritura em ato carrega consigo um submetimento tanto à ordem própria da língua refletida nas formas significantes que se desprendem dos versos iniciais do poema copiado, no processo enunciativo em jogo que coloca outras formas em circulação e nas estruturas paralelísticas aí presentes, quanto à memória discursiva em que o sentido faz enlace social, às redes de sentidos articuladas pelas enunciações dos alunos estabelecidas no processo de escritura. Esse funcionamento não se opera às cegas. Enlaçado a ele, encontra-se o sujeito, que, articulado na e pela linguagem, demanda interpretação.

No movimento, uma tensão

O movimento de autoria sofre a tensão dessa dupla dimensão do dizer constitutiva da relação entre sujeito, língua e sentido. Isso pôde ser mostrado no modo como se articula o jogo anagramático, paronomásico e homofônico identificado acima, em que a entrada das formas significantes indiciaria o funcionamento equívoco da língua (*alíngua*), com a memória discursiva historicamente constituída que age e acolhe esse movimento. A articulação das duas dimensões tem como motor os mecanismos metafórico e metonímico detonados no processo de escritura e acionados pelo poema copiado da lousa e, particularmente, pelos termos "caçá-la" e "na sala", em que se estabeleceu certa direção para esse processo de criação e se constituíram as posições subjetivas ocupadas pelos alunos que escrevem. Nesse sentido, poder-se-ia dizer que o movimento de autoria tem como gatilho as relações entre as formas significantes que se descolam de signos estabilizados para fazer signos em outras redes discursivas. Esse movimento conta com a dimensão equívoca da língua.

Há, com a emergência dessas formas, uma escuta por parte dos alunos que estanca seus deslizamentos. A escuta, se por um lado reconhece a diferença, por outro congela-a em uma relação de semelhança. Eis a demanda de interpretação que faz do poema criado pelos alunos uma peça singular e – por que não? – autoral!

Assim, o movimento da autoria traz em suas malhas tanto sua face simbólica, que estabelece relações de diferenças entre as cadeias manifestas e as latentes, quanto sua face imaginária, que camufla as diferenças, produzindo no texto um efeito de unidade de sentido.

Um bom exemplo desse apagamento pode ser destacado na rasura escrita do verso "para o homem jantá-la". Como defendi na análise apresentada, a entrada da forma "INHA" interfere sobre o que já estava escrito, eliminando a relação significante entre "assá-la" e "jantá-la" e impondo-se por outras proliferações de termos "gordinha", "gostosinha", "bonitinha", "moreninha", "galinha", "cozinha"...

As associações enunciadas pelos alunos indicam como a forma "INHA" passa a ser o elemento produtor de unidade do poema. As relações semânticas ficam, em parte, reféns dessa forma e das cadeias significantes mobilizadas por um paralelismo sintático marcado pelas repetições das estruturas dos versos e pelos paralelismos morfológicos, reconhecido tanto nos adjetivos em sua forma diminutiva quanto nos substantivos "cozinha" e "galinha".

A complexidade desse movimento de autoria não pode ser esgotada nessas relações. Elas são apenas um índice que se pode ampliar caso se considere que "cozinha" mantém relação metafórica com "sala", já que são espaços físicos de uma casa; assim como a beleza do pássaro "arara" convoca "bonitinha"; dessa associação entre "arara", "cozinha" e seus ecos surge "galinha", que, por um lado, guarda a forma "INHA" e, por outro, pertence ao campo semântico "nome de animais".

As relações paralelísticas sintáticas que emergem e interferem na unidade do poema tanto podem ser rasuradas oralmente, sem entrar no manuscrito escrito do poema, como é o caso de "**para** *ficar* com gosto de galinha", quanto podem ganhar uma materialidade gráfica, deixando sua marca no corpo do texto.

Disso tudo, uma conclusão pode ser apontada. As enunciações, reformulações, rasuras orais e escritas, enfim, os retornos, redirecionamentos, reformulações e modificações operadas ao longo do processo de escritura "a quatro mãos" estariam fortemente vinculadas a uma dupla face do movimento de autoria: ao mesmo tempo em que há imposições de formas significantes pressionando as relações associativas, anagramáticas, homofônicas, paronímicas, aliterantes, paralelísticas etc. pertencentes ao registro da *alíngua* cujo efeito o sujeito pode reconhecer num instante "só depois", há também um elo imaginário dessa ordem simbólica que interfere sobre a demanda de interpretação[14] na medida em que estabelece direções e sentidos ao jogo dessas formas significantes.

Tais demandas sofrem pressões exteriores balizadas pelo contexto histórico-social, pela cultura, pela tradição, pela condição de produção, pela memória discursiva, pelo já estabilizado. Essa dupla dimensão do movimento de autoria coloca o *scriptor* na tensão entre a manutenção do estabelecido e a ruptura do diferente. Uma tensão cuja característica é fundamentalmente intermitente, imprevisível e heterogênea, em que nem a ordem própria da língua reina de forma soberana, nem o já dito aprisiona o sujeito e o que está sendo formulado. É a escuta e o processo de subjetivação no qual se estruturam sujeito, língua e sentido que vão garantir a singularidade e a dinâmica do movimento.

Por fim, resta dizer que a escuta dos alunos foi materializada na escuta que empreendi sobre esse processo de criação e escritura, o que tornou visível algumas das direções insuspeitadas no texto já pronto, no seu produto final.

---

14 Orlandi diria "gesto de interpretação".

5

Uma palavra final, mas não no sentido de última

As palavras sempre **valtam**.

Do que foi dito resta pontuar a questão central: qual o estatuto da criação quando o objeto de análise é o manuscrito escolar e seu processo de escritura em ato?

Minhas últimas palavras voltam às palavras de minha filha, Lívia, em um momento particular de sua vida que nada tem que ver nem com manuscritos, nem com a escola. Naquele enunciado singular e, por isso mesmo, imprevisível, destaquei o reconhecimento de relações de semelhança e diferença entre as formas significantes "em pares", "ímpares" e "em Paris", marcado, principalmente, pelo regozijo do inusitado de sua própria enunciação.

Ao longo de todo o livro, dessa vez tendo como objeto não só o manuscrito escolar, mas mormente o processo de escritura em ato, pude apreender, expor e analisar alguns preciosos instantes de criação, sugerindo, de um lado, a aproximação entre o enunciado dela e os enunciados e rasuras dos alunos, e, de outro lado, propondo uma semelhança no funcionamento das rasuras presentes em manuscritos literários e aquelas que chamei de "rasura oral" na configuração de manuscritos escolares.

A escuta que esse retorno inerente à rasura marca, mas invisível ou camuflado no manuscrito final, talvez tenha permitido um acesso, entendido mais propriamente como ingresso, mas também como passagem, para "dentro" do manuscrito escolar.

Desse acesso ao manuscrito escolar ficou a complexidade que move estes processos, deixando vislumbrar o *scriptor* sujeito ao reconhecimento de uma diferença mais do que uma semelhança. Reconhecimento que, ao farejar seus rastros escriturais, guarda nos movimentos de autoria a irrupção de sentidos imprevisíveis, imprimindo em poemas um traço de singularidade e inventividade, mesmo que escrito na sala de aula.

É por essa razão que vinculei a escuta ao movimento de autoria, esse movimento indiciando a criação em manuscritos escolares, alçando o lugar que o aluno ocupa como *scriptor* a uma posição mais visível, em que as pressões do funcionamento da língua e do discurso revelam-se sob e sobre aquilo que se escreve.

O professor, de posse destes elementos, não poderia redimensionar o manuscrito de seus alunos, estabelecendo práticas de textualização em que se possam arrendar os sentidos, assim como os arremates potencializados pela escuta de seus alunos, fazendo a palavra voltar-se à interrogação e à criação?

Referências bibliográficas

ABAURRE, Maria Bernadete Marques. Os estudos lingüísticos e a aquisição da escrita. In: CASTRO, Maria Fausta Pereira de (Org.). *O método e o dado no estudo da linguagem*. Campinas: Editora da Unicamp, 1996. p.111-162.

_____. (Re)escrevendo: o que muda?. In: ABAURRE, Maria Bernadete, FIAD, Raquel, MAYRINK-SABINSON, Maria Laura (Orgs.) *Cenas de aquisição da escrita*: o sujeito e o trabalho com o texto. Campinas: Associação de Letras do Brasil; Mercado de Letras, 1997.

ABAURRE, Maria Bernadete, FIAD, Raquel, MAYRINK-SABINSON, Maria Laura (Orgs.). *Cenas de aquisição da escrita*: o sujeito e o trabalho com o texto. Campinas: Associação de Leitura do Brasil, Mercado de Letras, 1997.

ANIS, Jacques. Préparatifs d'un texte: la fabrique du pré POUGE, F. *Langages*, n.69, p.73-83, 1983.

_____. La rature et l'écriture (l'exemple de Ponge). *TEM – texte en mains: Lis tes ratures (Grenoble)*, n.10-11, p.23-38, Niver 1991-1992.

APOTHELOZ, Denis. Les formulations collaboratives du texte dans une rédaction conversationnelle. In: GAULMYN, Marie-Madaleine de, BOUCHARD, Robert, RABATEL, Alain (Éds.). *Le processus rédactionnel*. Écrire à plusieurs voix. Paris: L'Harmattan, 2001. p.49-66.

AUROUX, Sylvain. *A filosofia da linguagem*. Campinas: Editora da Unicamp, 1998.

AUTHIER-REVUZ, Jacqueline. Heterogeneidade(s) enunciativa(s). *Cadernos de Estudos Lingüísticos (Campinas)*, v.19, p.25-42, 1990.

_____. *Ces mots qui ne vont pas de soi*. Boucles réflexives et non coïncidences du dire. Paris: Larousse, 1995. (Coll. Sciences du langage).

_____. *As palavras incertas*: as não coincidências do dizer. Campinas: Editora da Unicamp, 1998.

AUTHIER-REVUZ, Jacqueline. *Parles des mots*: le fait autonymique en discours. Paris: Presses Sorbonne Nouvelle, 2003.

_____. *Entre a transparência e a opacidade*: um estudo enunciativo do sentido. Porto Alegre: Edipuc, 2004.

BADIOU, Allan. *Para uma nova teoria do sujeito*. Rio de Janeiro: Relume-Dumará, 1994.

BAKHTIN, Mikail. *La poétique de Dostoievski*. Paris: Seuil, 1970.

_____. Os gêneros do Discurso. In: _____. *Estética da criação verbal*. São Paulo: Martins Fontes, 1992.

BARROS, Manoel de. *Livro das ignorãças*. São Paulo: Record, 1993.

BERNIE, Jean-Paul. Problèmes posés par la co-construction d'un contexte commun aux partenaires d'une activité rédactionnelle. In: GAULMYN, Marie-Madaleine de, BOUCHARD, Robert, RABATEL, Alain (Éds.). *Le processus rédactionnel*. Écrire à plusieurs voix. Paris: L'Harmattan, 2001. p.148-70.

BERTHOUD, Anne-Claude, GAJO, Laurent. Négocier des faits de langue pour le discours. In: GAULMYN, Marie-Madaleine de, BOUCHARD, Robert, RABATEL, Alain (Éds.). *Le processus rédactionnel*. Écrire à plusieurs voix. Paris: L'Harmattan, 2001. p.89-102.

BIASI, Pierre Marc de. Qu'est-ce qu'une rature?. In: ROUGÉ, Bertrand (Éd.) *Ratures et repentirs*. Pau: Publications de l'Université de Pau, 1996. p.17-48.

_____. *La génétique des textes*. Paris: Nathan Université, 2000.

_____. O horizonte genético. In: ZULAR, Roberto (Ed.). *Criação em processo*: ensaios de crítica genética. São Paulo: Iluminuras/Fapesp/Capes, 2002. p.219-52.

BORÉ, Catherine. Le brouillon, introuvable objet d'étude?. *Pratiques*, v.105-106, p.23-49, 2000.

BOUCHARD, Robert. Production et contrôle de la production en fin d'apprentissage de l'écrit en langue étrangère. In: GAULMYN, Marie-Madaleine de, BOUCHARD, Robert, RABATEL, Alain (Éds.). *Le processus rédactionnel*. Écrire à plusieurs voix. Paris: L'Harmattan, 2001. p.129-47.

BRASIL. Ministério da Educação e Cultura – Secretaria de Educação Fundamental. *Parâmetros Curriculares Nacionais*: primeiro e segundo ciclos do ensino fundamental: Introdução (volume 1). Brasília, 1997.

BRASIL. Ministério da Educação e Cultura. *Guia de livros didáticos*; 1ª a 4ª séries. Brasília: MEC; FNDE; CEALE, 2000.

_____. *Guia de livros didáticos*; 1ª a 4ª séries. Brasília: MEC; FNDE; CEALE, 2004.

CADIOT, Anne, HAFFNER, Christel (Éds.). *Les manuscrits des ecrivains*. Paris: CNRS Editions; Hachette, 1993.

CALIL, Eduardo. *A construção de zonas de desenvolvimento potencial em um contexto pedagógico*. São Paulo, 1991. Dissertação (Mestrado) – Faculdade de Educação, Universidade de São Paulo.

_____. *Autoria*: (E)feitos de relações inconclusas [um estudo de práticas de textualização na escola]. Campinas, 1995. Tese (Doutorado) – Instituto de Estudos da Linguagem, Universidade Estadual de Campinas.

CALIL, Eduardo. A escuta e o funcionamento da rasura. *Revista Leitura (Maceió)*, v.20, 1997.

_____. *Autoria*: a criança e a escrita de histórias inventadas. Maceió: Editora da Universidade Federal de Alagoas, 1998.

_____. Os efeitos da intervenção do professor no texto do aluno. In: MOURA, Denilda (Org.). *Língua e Ensino*: dimensões heterogêneas. Maceió: Edufal, 2000. 29-40.

_____. Processus de création et ratures: analyses d'un processus d'écriture dans un texte rédige par deux écoliers. *Langages & Société, Ecriture en acte*, v.103, p.31-55, 2003.

_____. *Autoria*: a criança e a escrita de histórias inventadas. Londrina: Eduel, 2004.

_____. *Poema de Cada Dia*. Disponível em: <http://www.cedu.ufal.br/grupopesquisa/manuscritosescolares>. Acesso em: 12 dez. 2006.

_____. D'efeitos d'a(língua): o fenômeno lingüístico homortográfico. In: CALIL, Eduardo (Org.). *Trilhas da escrita*: autoria, leitura e ensino. São Paulo: Cortez, 2007. p.77-118.

_____. Cadernos de histórias: o que se repete em manuscritos de uma criança de 6 anos? In: GOMEZ, Antonio Castillo (dir.), BLAS, Verónica Sierra (Ed.). *Mis primeros pasos. Alfabetización, escuela y usos cotidianos de la escritura (siglos XIX y XX)*. Gijón: TREA, 2008a.

_____. A língua, a reescrita e o bilhete: interferências que singularizam o texto de um aluno de 2ª série. In: ZOZZOLI, Rita, OLIVEIRA, Maria Bernadete de (Org.). *Leitura, escrita e ensino*. Maceió: EDUFAL, 2008b. p.10-35.

CALIL, Eduardo, FELIPETO, Sônia Cristina. Rasuras e operações metalingüísticas: problematizações e avanços teóricos. *Cadernos de Estudos Lingüísticos*, v.39, p.7-14, 2000.

_____. Quand la rature (se) trompe: une analyse de l'activité métalinguistique. *Langage & Société*, n.117, p.63-86, 2006.

_____. Derrapagens do dizer em processos de escritura a dois: efeitos de escuta, índices de não-coincidência. In: DEL RE, Alessandra, FERNANDES, Silvia Dinucci (Orgs.). *A linguagem da criança*: sentidos, corpo e discurso. Araraquara: Cultura Acadêmica, Laboratório Editorial, FCL – UNESP, 2008. (Trilhas Lingüísticas, 15).

CALIL, Eduardo, FELIPETO, Cristina, LIMA, Hozanete. A(tro)pelos da fala: fronteiras entre erro e ato falho. *Anais do XI SILEL*, Universidade Federal de Uberlândia, 2008.

CALIL, Eduardo, LIMA, Maria Hozanete Alves de Lima. Nomes próprios em histórias inventadas: odores de um encadeamento. In: CALIL, Eduardo (Org.). *Trilhas da escrita*: autoria, leitura e ensino. São Paulo: Cortez, 2007. p.133-57.

CULIOLI, A. La communication verbale. In: ALEXANDRE, P. (Dir.) *L'homme et les autres (L'aventure humaine — Encyclopédie des sciences de l'homme)*. Paris; Genève: Grange Batelière; Kister, 1967. p.65-73.

DAVID, Jacques, BORÉ, C. Les différentes opérations de réécriture: des brouillons d'écrivain aux brouillons d'élèves. In: PLANE, S., TURCO, G. (Éds.) *De l'évolution à la révision*. Paris: Hachette, 1996.

DOQUET-LACOSTE, Claire. Et pourtant, ils écrivent! Etude génétique de productions scripturales d'enfants de CM2. *Modernités*: l'auteur entre biographie et mythographie (cahiers publiés sous la direction d'Yves Vadé et Dominique Rabaté), v.18, p.173-186: Bordeaux 3: Université Michel de Montaigne, 2002.

DOQUET-LACOSTE, Claire. *Étude génétique de l'écriture sur traitement de texte d'éleves de Cours Moyen, anée 1995-96*. Paris, 2003a. Thèse (Doctorat en Sciences du Langage) – Université de Paris III. (Sourbonne Nouvelle).

_____. Ecriture et traitement de texte à l'école elementaire: modes d'analyse et pistes de travail. *Langage et Société*, v.103, p.11- 29, 2003b.

FABRE, Claudine. Des variantes de brouillon au cours préparatoire. *Études de Linguistique Appliquée* (E. L. A.), n.62, p.59-79, 1986.

_____. La reescriture dans l'écriture: les cas des ajouts dans les écrits scolaires. *Études de Linguistique Appliquée* (E. L. A.), n.68, p.15-40, Paris, 1987.

_____. *Les brouillons d'écoliers ou l'entrée dans l'écriture*. Grenoble: Ceditel; L'Atelier du Texte, 1990.

_____. Les nouveaux écris à l'école: nouveaux programmes, nouvelles pratiques, nouveaux savoirs?. *Lidil*, v.23, 2001.

_____. *Réécrire à l'école et au collège*: da l'analyse des brouillons à l'écriture accompagnée. Issy-les Moulineaux: ESF Éditeur, 2002.

FELIPETO, Sônia Cristina Simões. *Rasuras entre o oral e o escrito*: o equívoco nas altercações. Maceió, 2003. Tese (Doutorado) – Programa de Pós-Graduação em Letras e Lingüística da Universidade Federal de Alagoas.

FELIPETO, Cristina. Erro imprevisível: possibilidade esquecida da língua. In: CALIL, Eduardo (Org.). *Trilhas da escrita*: autoria, leitura e ensino. São Paulo: Cortez, 2007. p.100-10.

FERRER, Daniel, LEBRAVE, Jean-Louis. De la variante textuelle au geste d'écriture. In: FERRER, Daniel, LEBRAVE, Jean-Louis (Éds.). *L'écriture et sés doubles. Genèse et variation textuelle*. Paris: Ed. du CNRS, 1993. p.9-26.

FIGUEIRA, Rosa Attié. La propriété réflexive du langage: quelques manifestations du fati autonymique dans l'acquisition du langage. In: AUTHIER-REVUZ, Jacqueline et al (Éds.). *Parles des mots*: le fait autonymique en discours. Paris: Presses Sorbonne Nouvelle, 2003. p.193-204.

FOUCAULT, Michel. O que é um autor. In: _____. *O que é um autor*. Lisboa: Garrido e Lino Ltda., 1992. p.29-87.

FUCHS, Catherine, GRÉSILLON, Almuth, LEBRAVE, Jean-Louis. Flaubert Ruminer, Herodias: du cognitif-visuel au verbal-textuel. In: FERRER, Daniel, LEBRAVE, Jean-Louis (Éds.). *L'écriture et ses doubles*: genèse et variation textuelle. Paris: Ed. Du CNRS, 1993. p.27-110.

GAULMYN, Marie-Madeleine de. Recherche lyonnaise sur la rédaction conversationnelle. In: GAULMYN, Marie-Madaleine de, BOUCHARD, Robert, RABATEL, Alain (Éds.). *Le processus rédactionnel. Écrire à plusieurs voix*. Paris: L'Harmattan, 2001. p.31-48.

Escutar o invisível

GAULMYN, Marie-Madeleine de, BOUCHARD, Robert, RABATEL, Alain (Éds.). *Le processus rédactionnel. Écrire à plusieurs voix.* Paris: L'Harmattan, 2001.

GENESIS, 20 (Manuscrits-recherche-invention) *Écriture Scientifique.* Paris: Jean-Michel Place, 2003.

GERALDI, João Wanderley. *Portos de passagem.* São Paulo: Martins Fontes, 1991.

_____. Unidades básicas do Ensino de Português. In: GERALDI, J. W. (Org.) *O texto na sala de aula.* São Paulo: Ática, 1997. p.59-79.

GINZBURG, Carlo. Sinais: raízes de um paradigma indiciário. In: *Mitos, emblemas, sinais.* São Paulo: Companhia das Letras, 1989.

GRANDO, Cristiane. Estrutura formal dos poemas de Amavisse: os paralelismo hilstianos. *Manuscrítica (São Paulo),* v.8, p.73-87, 1999.

GRANIER, Jean-Maxence. Faire référence à la parole de l'autre: quelques questions sur l'enchaînement «sur le mot» chez Marivaux". In: AUTHIER-REVUZ, Jacqueline, DOURY, Marianne, REBOUL-TOURÉ, Sandrine (Éds.). *Parler des mots*: le fait autonymique en discours. Paris: Presses Sorbonne Nouvelle, 2003.

GRÉSILLON, Almuth. Devagar: obras. In: ZULAR, Roberto (Org.). *Criação em processo*: ensaios de crítica genética. São Paulo: Iluminuras/Fapesp/Capes, 2002. p.147-76.

_____. *Eléments de Critique Génétique*: lire les manuscrits modernes. Paris: Presses Universitaires de France (PUF), 1994.

_____. Raturer, rater, rayer, éradiquer, radier, irradier. In: ROUGÉ, Bertrand (Éd.). *Ratures et repentirs.* Pau: Publications de l'Université de Pau, 1996. p.49-60.

_____. *Elementos de Crítica Genética*: ler os manuscritos modernos. Rio Grande do Sul: Editora da Universidade Federal do Rio Grande do Sul, 2007.

GRÉSILLON, Almuth, LEBRAVE, Jean-Louis, VIOLLET, Catherine (Éds.). *Proust à la lettre. Les intermittences de l'écriture.* Tusson: Du Lérot, 1990.

GUIMARÃES ROSA, João. *Magma.* São Paulo: Nova Fronteira, 1997.

HOUAISS, Antonio. *Dicionário eletrônico Houaiss de língua portuguesa.* São Paulo: Objetiva, 2001.

JAKOBSON, Roman. Poesia da gramática e gramática da poesia. In: _____. *Lingüística, poética, cinema.* São Paulo: Perspectiva, 1961. p.65-92.

_____. Le parallélisme grammatical et ses aspects russes. In: *Question de poétique.* Paris: Seuil, 1973. p.234-79.

_____. Lingüística e poética. In: *Lingüística e Comunicação.* São Paulo: Cultrix, 1999. p.118-62.

LACAN, Jacques. *Seminário XX,* Mais Ainda. Rio de Janeiro: Jorge Zahar Editor, 1985.

_____. *Escritos.* Rio de Janeiro: Zahar, 1998.

LEMOS, Cláudia Thereza Guimarães de. Sobre o que faz texto: uma leitura de Cohesion in English. *D. E. L. T. A.,* 1. São Paulo: Educ, 1992. p.21-42.

_____. *Em busca de uma alternativa à noção de desenvolvimento na interpretação do processo de Aquisição de Linguagem.* Relatório CNPq, 1996. (Mimeogr.)

LEMOS, Cláudia Thereza Guimarães de. Os processos metafóricos e metonímicos como mecanismos de mudança. *Substratum*: temas fundamentais em Psicologia e Educação. v.1, n.3. Porto Alegre: Artes Médicas, 1998.

_____. Sobre o Interacionismo. *Letras de Hoje*, v.34, n.3, p.11-6, 1999.

_____. O paralelismo, sua extensão e a disparidade de seus efeitos. *Revista de Letras*, v.1, São Paulo, 2000a.

_____. Questioning the notion of development: the case of language acquisition. *Culture & Psychology*, v.6, n.2, p.169-82, 2000b.

_____. Das vicissitudes da fala da criança e de sua investigação. *Cadernos de estudos lingüísticos*, v.42, p.41-70, 2002.

LEMOS, Maria Teresa Guimarães de. *A língua que me falta*: uma análise dos estudos em aquisição de linguagem. Campinas: Mercado de Letras/Fapesp, 2002.

LIER DE VITTO, Maria Francisca. *Os monólogos da criança*: delírios da língua. São Paulo: Educ/Fapesp, 1998.

LIMA, Maria Hozanete Alves de. *A homonímia no curso das idéias sobre o funcionamento da língua e do inconsciente*: um fenômeno singular e uma pluralidade de questões. Maceió, 2003. Tese (Doutorado) – Programa de Pós-graduação em Letras e Lingüística da Universidade Federal de Alagoas.

LINS, Guto. *Q Barato ou a metamorfose*. São Paulo: Ediouro, 1999.

MAINGUENEAU, Dominique. Sur les brouillons d'un poème de Valéry. *Langages*, v.69, n.63-72, 1983.

MEIRELES, Cecília. *Ou isto ou aquilo*. São Paulo: Nova Fronteira, 2002.

MILNER, Jean-Claude. *Les noms indistincts*. Paris: Seuil, 1983.

_____. *O amor da língua*. Porto Alegre: Artes Médicas, 1987.

_____. *Introduction à une science du langage*. Paris: Seuil, 1989.

_____. *Le Périple structural*: figures et paradigme. Paris: Seuil, 2002.

ORIOL-BOYER, Claudette. *Lire-écrire avec des enfants*. Toulose: CRDP Midi-Pyrénées & Bertrand-Lacoste. Collection Didactiques, 2002.

ORLANDI, Eni Puccinelli. Nem escritor, nem sujeito; apenas autor. In: *Discurso e Leitura*. São Paulo: Cortez, Unicamp, 1988.

_____. *Interpretação*: autoria, leitura e efeitos do trabalho simbólico. Rio de Janeiro: Vozes, 1996.

_____. *Análise de Discurso*: princípios & procedimentos. Campinas: Pontes, 1999.

PAES, José Paulo. *Olha o bicho*. São Paulo: Ática, 2000.

PÊCHEUX, Michel. *Semântica e Discurso*: uma crítica à afirmação do óbvio. Campinas: Editora da Unicamp, 1988.

_____. *O Discurso*: estrutura ou acontecimento. Campinas: Pontes, 1990.

PENLOUP, Marie-Claude (Éd.) *La rature n'est pas un raté. Plaidoyer pour le brouillon*. Rouen: MAFPEN, 1994.

PLANE, Sylvie. Problème de définition et négotiacions sémantiques dans la rédaction à deux d'un texte argumentatif. In: GAULMYN, Marie-Madaleine de, BOUCHARD,

Robert, RABATEL, Alain (Éds.). *Le processus rédactionnel. Écrire à plusieurs voix.* Paris: L'Harmattan, 2001. p.129-46.

PONGE, Francis. *Pratiques d'écriture, ou l'inachèvement perpétuel.* Paris: Hermann, 1984.

POSSENTI, Sírio. *Por que (não) ensinar gramática na escola.* Campinas: Mercado das Letras; Associação de Leitura do Brasil, 1996.

_____. Enunciação, autoria e estilo. *Revista da FAEEBA*, v.10, n.15, p.15-21, 2001a.

_____. Ainda sobre a noção de efeito de sentido. In: GREGOLIN, Maria do Rosário, BARONAS, Roberto (Orgs.). *Análise do Discurso*: as materialidades do sentido. São Carlos: Claraluz, 2001b. p.45-59.

_____. Indícios de autoria. *Perspectiva – Revista do Centro de Ciências da Educação*, v.20, n.1, p.105-24, 2002.

RABATEL, Alain. La dynamique de la structuration du texte; entre oral et écrit. In: GAULMYN, Marie-Madaleine de, BOUCHARD, Robert, RABATEL, Alain (Éds.). *Le processus rédactionnel. Écrire à plusieurs voix.* Paris: L'Harmattan, 2001. p.67-88.

REY-DEBOVE, Jacqueline. *La metalangage. Étude linguistique du discours sur le langage.* Le Robert, Paris, A Colin, rééd. 1997.

ROJO, Roxane Helena Rodrigues. Metacognição e produção de textos: o que as crianças sabem sobre os textos que escrevem?. *Boletim da Associação Brasileira de Psicopedagogia*, n.17, p.39-56, 1987.

_____. Modelos de processamento em produção de textos: subjetividade, autoria e monitoração. In: PACHOAL, M. S. Z. de, CELANI, M. A. A. (Orgs.) *Lingüística Aplicada*: da aplicação da Lingüística à Lingüística Transdisciplinar. São Paulo: Educ/PUC, 1992. p.99-123.

SALLES, Cecília Almeida. *Crítica Genética*: uma introdução. São Paulo: Educ, 1992.

_____. *Gesto inacabado* – processo de criação artística. São Paulo: Annablume, 1998.

SAUSSURE, Ferdinand de. *Curso de Lingüística Geral.* São Paulo: Cultrix, 1989.

SOUZA, Ana Cristina de Oliveira de. *A intertextualidade em poemas escritos por alunos de 2ª série do Ensino Fundamental.* Maceió, 2003. Dissertação (Mestrado) – Programa de Pós-Graduação em Educação, Universidade Federal de Alagoas.

SOUZA, Ana Cristina de Oliveira de, CALIL, Eduardo. Marcas de dialogia no manuscrito escolar: um caso de poesia. *Anais do II Encontro Nacional de Ciências da Linguagem Aplicadas ao Ensino* (ECLAE), CD-Rom, Univerdade Federal da Paraíba, 2004.

SOUZA, Pedro. No excesso de leitura a deflação de leitor. In: ORLANDI, E. P. (Org.) *A leitura e os leitores.* Campinas: Pontes, 1998. p.127-37.

WILLEMART, Philippe. A rasura, senha de entrada no mistério da criação. *Caderno de Textos* – Crítica Genética, v.5, 1991.

_____. *Universo da criação literária.* São Paulo: Edusp, 1993.

_____. Do sentido ao corpo: a rasura. *Corpo e Sentido.* São Paulo: Editora UNESP, 1997. p.155-62.

_____. *Bastidores da criação literária.* São Paulo: Iluminuras, 1999.

SOBRE O LIVRO

*Formato:*16 x 23 cm
Mancha: 28 x 50 paicas
Tipologia: Iowan Old Style 10/14
Papel: off set 75 g/m² (miolo)
Cartão Supremo 250 g/m² (capa)
1ª *edição:* 2008

EQUIPE DE REALIZAÇÃO

Edição de Texto
Adriana Cristina Bairrada (Copidesque e Preparação de Original)
Sandra Garcia Cortés (Revisão)

Editoração Eletrônica
Estela Mleetchol (Diagramação)

Impressão e Acabamento
assahi
gráfica e editora ltda.